新疆考古百年

首都博物馆
新疆维吾尔自治区文物考古研究所 编
北京大学丝绸之路考古研究中心

科学出版社
北京

首都博物馆　书库

丁种　第伍拾陆部

《载瞻载止——新疆考古百年》

首都博物馆编纂委员会

主　　任　韩战明

委　　员　彭　艺　谭晓玲　徐中煜　焦丽丹　彭　颖　龙霄飞

编　　辑　章文永　杨　洋　张　靓　裴亚静　杜　翔　张　明　任　和　龚向军
　　　　　李吉光　李兰芳

图录撰文　陈　凌　陈　静　李文瑛　党志豪　阮秋荣　吴　勇　田小红　于建军
　　　　　王永强　阿里甫江　胡兴军　尚玉平　张　杰　闫雪梅　明　德　朱永明
　　　　　刘维玉　丽娜·巴合提别克　康晓静　陈　意　支宇石　郭瑶丽　张　元
　　　　　黄　奋　巴尔青·维青　张海龙　于海琴

摄影师　　厉晋春　刘玉生　周军成

图片提供　新疆维吾尔自治区文物考古研究所

图片编辑　韩　晓　杨　妍

特约编辑　任　和

图书在版编目（CIP）数据

载瞻载止：新疆考古百年 / 首都博物馆，新疆维吾尔自治区文物考古研究所，北京大学丝绸之路考古研究中心编.—北京：科学出版社，2024.9

ISBN 978-7-03-078493-3

Ⅰ.①载…　Ⅱ.①首…　②新…　③北…　Ⅲ.①考古工作–概况–新疆　Ⅳ.①K872.45

中国国家版本馆CIP数据核字（2024）第092717号

责任编辑：张亚娜　周　赒 / 责任校对：张亚丹
责任印制：张　伟 / 书籍设计：北京美光设计制版有限公司

科学出版社 出版
北京东黄城根北街16号
邮政编码：100717
http://www.sciencep.com

北京汇瑞嘉合文化发展有限公司 印刷
科学出版社发行　各地新华书店经销

*

2024年9月第　一　版　开本：787×965　1/8
2024年9月第一次印刷　印张：46 1/2

字数：670 000

定价：368.00元

（如有印装质量问题，我社负责调换）

載瞳戴止　新疆考古百年

主办单位	北京市文物局
	新疆维吾尔自治区文化和旅游厅（文物局）
	新疆维吾尔自治区文博院
承办单位	首都博物馆
	新疆维吾尔自治区文物考古研究所
	北京大学丝绸之路考古研究中心
展览主持	谭晓玲　李文瑛
项目统筹	章文永　索经令　索　琼
展览责任人	白佳好
展览大纲	陈　凌　党志豪　陈　静　于建军　王永强
展陈设计	高叶环
展览制作责任人	王　俊
文物管理	白　岩　邢　鹏　徐　涛　白佳好　黄雪梅　万文君　丽娜·巴合提别克
	刘维玉　康晓静　张　元　巴尔青·维青　黄　奋　刁　羽　余腾飞
	段朝伟　蔡浩强　哈里买买提·吾甫尔　关巴·恩和赛罕
设备保障	王　磊　刘金陆
展厅环境控制	邵　芳　吕梦蝶

首都博物馆
Capital Museum, China
中国北京西城区复兴门外大街16号 100045
16 Fuxingmenwai Street, Xicheng District, Beijing 100045, P.R.China.
中文网站：http://www.capitalmuseum.org.cn
English website：http://en.capitalmuseum.org.cn

官方微信　　官方微博

序 一

　　首都博物馆作为有着八百多年建都历史与至今仍为中国首都北京的地区综合"历史博物馆"，与新疆维吾尔自治区文物考古研究所、北京大学丝绸之路考古研究中心共同举办"载瞻载止——新疆考古百年"展览，无疑有着特殊的政治与学术意义。展览把融入"中华民族共同体"的新疆地区多民族共生、共建的历史以生动而可信的考古发现呈现给北京人民与来京的国内外朋友。

　　从19世纪末开始西方帝国主义以"探险"名义来新疆盗掘并窃取文物，直到20世纪20年代末的中瑞西北科学考查团始有中国学者开展新疆考古工作。1949年新中国成立以后，新疆考古才步入正轨。中国考古学者在东疆地区及塔里木盆地的考古发现勾勒出其与中原文化之密切联系。20世纪80年代以来，在改革开放的大环境下，新疆考古在寻根中华文明、探索新疆与中原的文化相连、国家认同、中华文明统一性、中华民族共同体意识等方面取得了诸多研究成果。

　　公元前60年，西汉设立西域都护管理西域军政事务，自此新疆地区成为中国统一的多民族国家不可分割的一部分。西汉王朝开启的以都城长安为起点的中国走向世界与世界走进中国的"丝绸之路"，其中天山廊道段已为新疆考古发现所实证。

　　汉唐宋元时期，新疆地区活跃着祆教、佛教、摩尼教、景教、伊斯兰教等域外宗教。它们通过新疆进入内地，在西安、洛阳、开封、北京等地，营建了各种各样的宗教活动场所，亲身体验中华文明"包容性"与"和平性"。

　　作为由多地区、多民族组成的真正"广域"国家，中国历史上的"和亲"活动具有中华文明的"和平性"特色。在中华五千多年不断裂文明史中，由多民族形成的"民族共同体意识"，是世界历史上所罕见的。中华文明

的"和平性"在处理中华民族共同体关系上，早在两千多年前就是从新疆
（汉代"乌孙"）实施的"和亲"活动中充分体现出来的。这种"和亲文化"
一直影响到后代的"昭君出塞"与"文成公主入藏"。"和亲"历史巩固了中
华民族共同体意识，增进了中华民族认同感。新疆汉唐考古发现的许多中原重
要遗物，佐证了新疆与中原地区民众共有的中华民族共同体意识，它们在中华
民族历史长河中，得到发展与强化。北京八百多年的金元明清建都历史，继
承了以上历史传统，使中华民族共同体意识得到进一步加强与深化，这就是
新疆考古百年展给首都观众乃至中国人民的重要历史启示！

首都博物馆党委书记、馆长　韩战明

序 二

　　新疆考古在中国考古学，乃至世界考古学上占有重要学术地位。新疆考古的重要性是由其特殊的地理区位决定的，这里古代称"西域"，其东连甘青，西接中亚。中国历史与世界历史说明，"中国"最早是通过"丝绸之路"从"新疆"走向世界，古代世界最早又是从中亚与西亚从新疆走进"中国"。早在19世纪末，一些西方人以"探险"之名，进入新疆。1898年俄国科学院Д. А. 克列缅茨（Д. А. Клеменц）率领探险队到新疆吐鲁番进行考古发掘，开帝国主义国家派人到中国盗掘并窃取文物的先例。此后多个国家的"探险家"多次到新疆进行考古发掘与窃取文物，如马克·奥里尔·斯坦因（Marc Aurel Stein）在新疆发掘尼雅遗址和丹丹乌里克遗址，瑞典斯文·赫定（Sven Hedin）在新疆罗布泊附近发掘楼兰遗址，德国阿尔伯特·格伦威德尔（Albert Grünwedel）在库车和吐鲁番发掘，日本大谷探险队调查并窃取克孜尔石窟及其壁画，等等。直到20世纪20年代末，中国学术团体协会主办的西北科学考查团在新疆开展考古工作，其中黄文弼在吐鲁番附近发掘了高昌故城等遗址，在塔里木周围调查了汉唐时代城堡、寺庙、屯戍遗存等。新中国成立后迎来了新疆考古的春天。新疆百年考古发现、研究及将在首都博物馆展出的"载瞻载止——新疆考古百年"展，使我们看到新疆古代历史具有鲜明的中华文明突出特性：连续性、创新性、统一性、包容性与和平性。

一、新疆百年考古揭示的中华文明连续性

　　新疆百年考古揭示，当地从石器时代进入"青铜时代"和"早期铁器时代"分别在约公元前3000年至前1000年、公元前1000年至公元前2世纪。新疆

"天山东端地区的史前文化十分重要,哈密盆地是新疆公元前第二千纪至公元前第一千纪上半期文化的中心之一,新疆几个重要的文化的来源都和这个地区的天山北路文化和焉不拉克文化有关系"[①]。学术界认为"来自甘青地区和长城农牧交错地带汉藏系统文化对新疆早期文化的形成同样非常关键。具体说就是甘青彩陶文化和迁入新疆的西部文化在哈密地区碰撞、融合后的新文化对新疆其它地区的影响。这个结合了粟(黍)作农业和麦作畜牧——农耕为特点的手制彩陶文化在新疆的再次繁荣,可能是中亚地区公元前一千纪上半期类似文化兴起的原因之一"[②]。正是上述新疆史前晚期考古学文化发展的历史,使"天山以北的地区渐渐形成了草原行国为特点的游牧社会,天山以南则发展成为一个个农牧并存的绿洲城郭国家。这个社会演化的结果,为汉武帝西通西域,汉王朝经营、统治新疆奠定了社会和文化的基础,同时也决定了汉王朝政治、经济、军事和文化进入、经营和统治古代新疆的方式"[③]。

以汉长安为起点经天山廊道的丝绸之路的开启,使作为当时中华文明的"根"与"魂"的中原文化进入西域。新疆考古发现了沙漠丝绸之路上的汉唐王朝军政、经济设施遗存,主要有作为社会"政治平台"的"城址",具有军事与经济双重功能的屯田,军政功能的烽燧、亭障等等,这些均是中央政权在西域行使国家主权行为与中华文明"连续性"的重要物化载体。目前已经考古调查发掘的西域汉唐时期城址有多座,如:位于今新疆巴音郭楞蒙古自治州(以下简称巴州)轮台县的卓尔库特古城遗址,即两汉丝路北道重要核心城市;巴州若羌县罗布泊西北角的汉代楼兰(后更名鄯善)故城遗址;阿克苏地区库车市附近的唐代安西都护府治所(亦为龟兹国的伊罗卢城)——皮朗古城(亦称哈拉墩)遗址。此外,还有高昌故城,汉称高昌壁,两汉魏晋时期,戊己校尉屯驻于此,此后该地先后为前凉高昌郡治、麹氏高昌王国王城、唐西州州治和高昌回鹘王城,遗址位于今吐鲁番市高昌区,经考古发掘实证全城分外

① 郭物:《新疆史前晚期社会的考古学研究》,上海古籍出版社,2012年,第2页。
② 郭物:《新疆史前晚期社会的考古学研究》,上海古籍出版社,2012年,第6页。
③ 刘庆柱:《新疆史前晚期社会的考古学研究·序》,上海古籍出版社,2012年,第1—3页。

城、内城和宫城三部分，布局略似唐长安城。对和田地区民丰县尼雅遗址（汉代精绝国）的考察，则反映了这一地区作为汉王朝组成部分之后的重要变化。位于昌吉回族自治州奇台县的石城子遗址，结合古文献考证应为汉朝的疏勒城。中古时代的北庭故城位于昌吉回族自治州吉木萨尔县城北，从城址形制及出土遗物来看，其与中原古代都城布局形制的一致性是显而易见的，是"中华文明"之"国家认同"的物化载体。

军政功能的烽燧及亭障。由敦煌至库尔勒，沿线筑有汉唐烽燧，这些"烽燧"遗址是中央政权设立的，是国家工程。西域地区的汉唐烽燧，是中国相应的军政设施的物化载体。通过丝绸之路考古发现，说明新疆早在两千年前已经是中国的一部分。

历史时期中华文明典籍"二十四史"中关于汉代以后历代王朝对新疆的管理的记载很多，其中有不少可与新疆考古发现互证。公元前60年，西汉统一西域，设西域都护府，任命郑吉为首任西域都护，自此"汉之号令班西域矣"。东汉时期沿袭西汉旧制，中央王朝在西域设西域都护，任命班超为"定远侯"总司西域都护之职。魏晋时期中原政权在伊吾（今哈密市）置"宜禾都尉"，在高昌设"戊己校尉"和"西域长史"，公元442年西域"诸国"为北魏王朝管辖。隋王朝在西域建"鄯善""且末""伊吾"三郡，管理西域。唐王朝先后在西域设安西都护府、北庭都护府。宋代西域地方政权与中央政权关系密切。西辽开国皇帝耶律大石在西域推广儒家文化，从而使传统中原文化在中亚光大。元朝首次在西域设立行省。明朝设置"哈密卫"，管辖西域。1759年，清王朝统一西域，1884年建省，更名"新疆"。

二、新疆百年考古揭示的中华文明创新性

中华文明连续性源于其创新性，在西域也是一样。为保证中华文明在西域的"国家治理"，鉴于西域地理位置与交通条件，早在两千多年前西汉王朝就在西域地区实施了一种国家的军政管理与生产组织形式——屯田制，这种维护国家统一的"军政制度"一直延续至今。《汉书》卷九十六记载："自敦

煌西至盐泽，往往起亭，而轮台、渠犁皆有田卒数百人，置使者校尉领护，以给使外国者。"汉代在西域最重要的经济建设是屯田，当时屯田的屯军，具有双重身份。尼雅遗址发现了"司禾府印"，这枚官印说明东汉在尼雅一带屯田并设有专门管理屯田事务的机构。罗布泊北岸土垠遗址出土汉文术简内容大部分与屯田有关，对研究汉代西域的屯田制度具有重要价值。在罗布泊北孔雀河北岸发现的古代大堤，用柳条覆土筑成，应为水利工程。楼兰城东郊考古发现有古代农田开垦的遗迹。米兰古城遗址发现的大规模灌溉系统遗迹应该是汉代遗存。轮台县西南拉伊苏附近的轮台戍楼为唐代屯田遗址一部分。作为中华文明的"广域国家"的重要"国家制度"，始于汉代西域的屯田制度一直延续至现代。

与"汉字"相关的书写制度与材料也深受中原影响。这套制度传入西域与屯守边疆的戍卒有关，比如佉卢文牍的封牍方法与敦煌汉简和罗布泊魏晋简牍所采用的封牍方法相同。

还有体现在货币上的汉字。如"汉佉二体钱"上以汉文表示最重要的币值（即钱币单位），这种钱币发现于和田地区（当年叫于阗），是当时这个地区的居民使用的钱币。

纵观世界文明史，文字之于国家的"连续性"至关重要。汉代西域考古发现的"汉字"，是该地发现时代最早的文字之一，是此地两千年来一直使用至今的"官方"正式语言与文字。考古发现的文书、买卖的合同，使用的基本上是汉字。这是新疆地区几千年来作为中华文明的组成部分的重要创新性"国家制度"的保证。

中华文明的传承离不开"意识形态"的认同，新疆考古发现了许多与此相关的材料，如罗布泊西汉烽燧遗址中出土了《论语·公冶长》篇汉简、罗布泊海头遗址发现约为东汉末年的《战国策》残卷、算术《九九术》残简、1993年尼雅遗址N14发现《苍颉篇》残文等。此外，还出土有《毛诗》、郑玄注《论语》、伪孔传古文《尚书》、《孝经》、《急就篇》、《千字文》、薛道衡《典言》、佚名《晋史》、《唐律疏义》、《针经》和《佛经》等古籍抄本。

通过张骞出使西域，汉王朝先后在甘肃河西走廊设立酒泉郡、武威郡、敦煌郡、张掖郡四郡，尔后在今新疆地区设置西域都护府，治乌垒城（今轮台县东），实行屯田制，使西域成为汉王朝一部分，西域各族成为中华民族的成员。

三、新疆百年考古揭示的中华文明统一性

中华文明突出特性的"统一性"，首先是基于对中华文明认同的"统一性"，而中华文明的"日用而不觉文化基因"是中华文明"统一性"的思想基础。从新疆百年考古所取得的物质文化折射出的这种"日用而不觉文化基因"主要表现在以下几个方面。

1. 汉武帝时期，丝绸之路的开通，使中原文化成为西域地区主导文化。新疆各地考古发现的汉代官印，如民丰尼雅遗址发现的"司禾府印""汉归义羌长"印等，是汉代中央政权管理西域的物证，国家"统一性"的佐证。

2. 西域地区考古发现了大量中原王朝货币。西汉实行"货币官铸"制度，在新疆奇台、罗布泊、库车、焉耆、和田、哈密等地发现了大量西汉半两及五铢，还有新莽货泉、大泉五十，东汉末年的剪轮五铢等。

3. 汉字成为西域的官方文字。汉代之前，西域使用文字情况尚不清楚。丝绸之路开通后西域各地使用汉字情况，可见于考古发现的大量西汉时期与汉字相关的遗物，如：汉文简牍、汉文典籍的《战国策》、《论语·公冶长》、《九九术》、"仓颉"篇等，文字多为"汉隶"。上述考古发现，不但佐证了汉字在两千多年前西域地区的普及情况，更突出了两千多年前西域地区的中华文化认同与"国家文化"的统一性。

四、新疆百年考古揭示的中华文明包容性

早在两千多年前，活跃在世界历史上著名的琐罗亚斯德教（中国古代称祆教、拜火教）、佛教、摩尼教、景教（基督教聂斯托利派）、伊斯兰教等西亚与南亚次大陆宗教相继从中亚进入西域。新疆经考古发现的重要佛教遗迹有龟

兹地区克孜尔石窟，于阗、楼兰的佛寺遗址等。考古出土的文献证实，吐鲁番是西域重要的佛教圣地。新疆库车考古发现的祆教遗存，年代应为公元5世纪。摩尼教文书在吐鲁番多有发现，而隋唐时期祆教遗存则是在内地多有发现。新疆高昌故城发现的景教教堂遗址，年代在公元9世纪。景教经新疆传入中原地区，约在中古时期。

中华文明在世界古代史上的一个重要特色是其"包容性"显示出的开放性，这通过历史上域外宗教在中国的活动得到充分体现。这些域外宗教与本土宗教——道教一起在中华大地发展，有的甚至比道教更受重视，其中尤以佛教从域外传入中国后的发展最为典型。

五、新疆百年考古揭示的中华文明和平性

西汉王朝的建立，使秦王朝开启的统一的多民族中央集权国家得到进一步发展，其中就包括丝绸之路的开通。

西汉王朝为了开通丝绸之路，首先需要排除匈奴的干扰，保障从长安通往西域、中亚的交通，为此西汉王朝在河西走廊建立了"河西四郡"，在天山南麓一带设置了西域都护府，使国家西部疆界从甘肃扩展至西域（新疆），在这一社会发展中，"沙漠丝绸之路"发挥了重要作用。

还有一个值得注意的是古代帝王陵墓，其是所在时代的"国家文化符号"。因此，我在研究古代陵墓的时候，不单单只研究陵墓建筑。比如唯独在中国唐代帝陵之旁安置的"蕃酋"石像，昭陵北司马门内就放着十四蕃酋像；唐高宗与武则天合葬的乾陵司马道之前东西两侧有六十多个蕃酋像，大小跟真人差不多一样高。这些蕃酋石像的所在地区多与丝绸之路有关。

汉朝政府为巩固、发展与邻近国家和地区的友好关系，往往采取和亲政策。所谓和亲，是指中国古代建立在中原地区的封建皇朝与边疆少数民族政权之间或不同少数民族政权之间为达到政治目的而进行的联姻。这些从长安宫室中选拔的女子，作为和亲的使者，为巩固和发展所在地区与汉王朝的友好关系、增进民族融合与发展作出了杰出贡献，其中不少人成了名垂青史的政治活

动家。例如江都王刘建的女儿细君，汉武帝于元封六年（前105年）把她作为公主嫁给了乌孙王，并且陪送了大量珍贵的嫁妆，选派了数百名干练的官宦作为随从。细君到达乌孙后，意识到自己肩负的重大政治使命，积极开展交流活动，经常宴请乌孙贵族，还把从长安带去的华丽丝绸等贵重物品，赠送给乌孙的达官显贵们。细君病逝后，汉武帝又将解忧公主嫁给乌孙王。解忧公主在乌孙生活了五十多年，加强了乌孙与汉朝的友好关系[1]。其后汉代的"昭君出塞"、唐代的"文成公主入藏"等和亲活动，成为体现中华文明"和平性"、被中华民族共同体一直铭记的光辉历史。

中国社会科学院学部委员　刘庆柱

2024年1月30日

---

[1] 班固：《汉书》卷九十六下《西域传》，中华书局，1962年。

载瞻载止　砥砺前行
——新疆百年考古

陈　凌

北京大学考古文博学院

陈　静

首都博物馆

新疆是中国西部重要的区域，在中华文明发展历程中占据重要的地位。新疆又是古代丝绸之路的腹心地带，在中外文化交流方面发挥了关键的桥梁和纽带作用。了解新疆古代历史文化有助于深入认识中华文明的多样性，也助于认识世界古代文明格局的发展脉络。

对新疆古代文化的认识，从简单粗略到丰满精细，并非一蹴而就，而是经历了一个漫长的不断求索、逐渐深入的过程。客观地回溯考察新疆考古走过的道路，既是总结过去，厘清思路，更好地走向未来，也是对社会的积极反馈。这也就是"载瞻载止"的意图所在。就本意而言，本次展览是学术史的回顾，也希望通过这样一种方式，让观众不仅看到学术成果，还能多少了解其中背景和科学求索的过程，从而加深对历史文化内涵的认识。

以下简单介绍这次展览的内容和一些相关问题。限于体例，不做过多展开铺陈，仅为便于观众有进一步了解而已。如有错误不当之处，尚希方家君子不吝指正。

——

学术史的划分可以有不同的视角和切入点，不妨见仁见智。综合社会背景、学术发展两方面因素来看，晚清以来新疆历史文化遗迹发现和研究大体可以划分为四个阶段：第一阶段为晚清至新中国成立之前，第二阶段为新中国成立至1978年之前，第三阶段为1978年至2012年，第四阶段为2013年以后。当然，这个划分只不过意在归纳认识不同时段总体趋势而已。与大多数社会文化一样，相邻阶段间的界限并非截然的一刀切，中间还存在过渡，甚至反复。本次展览即按照这四个阶段来编排文物，而和以往的按时代（朝代）顺序编排有所不同。

之所以采用这种形式，大概有以下三个方面的考量。

第一，古代西域包括了新疆在内的广大区域。西域除绿洲城邦、聚落外，还有草原游牧部落。历史上两者都没有自身成系统的历史书写。研究古代西域主要还得倚仗汉文史料、希腊拉丁文献，以及后来的阿拉伯文献。其中，汉文史料尤为重要。不过，文献的记载毕竟相当有限，经常是一鳞半爪，不仅有简略遗漏，也难免有记载不准确，甚至错误的地方。因此，重建西域古代文化很大程度上就需要大量利用考古材料。

对历史的认识是渐进的、无止境的过程。历史是客观存在的，但对历史的认识却并不是先验的，我们对以往文明的认知是在前人工作基础上一点点积累而成的。换而言之，前人的考古发掘和研究工作不单单只是资料素材的积攒，同时也是历史书写的一部分。在这个过程中，有新知识的获得，也有对以往认识的辩证。所谓辩证包括对已有知识的强化、细化、深入，也包括批评反驳，甚至推倒重建。也就是说，包括考古在内的知识都是一个反复的、不断辩难的积累过程。不深入了解前人的工作，也就无法真切地知道当前我们的知识是如何得来的，也无法客观看待我们当前知识所处的阶段。

很多的展览实际上是基于一家之言，以定论的方式呈现给观众。观众所看到的只是"最后"的结果，也缺少过程细节，因此也就无法参与其中作出自己的审视评判。这样的展览，实际上是一种居高临下的独白，而非与观众的平等交流。

第二，对比不同阶段，可以明显看出，新疆考古始终是与国家的荣辱兴衰密切相关的。当国家贫弱之时，新疆的文化资源只能任由西方探险家恣意掠取。新中国成立后，在经济不发达时期，考古工作同样受到很大局限。只有在经济发展、国家强盛时，才可能更好地开展科学考古工作，探索和讨论更多的问题，中国学者也才能在国际研究领域有话语权。如果仅以单纯的王朝时代线索来展示，观众不容易看到学术发展背后的社会因素，而社会因素恰恰又是不可忽视的。

第三，无论晚清民国危难之际，还是在新中国成立以后，中国学者无不本着爱国的情怀和学术良知努力保护新疆的文化遗产，维护中国学术尊严，不断拓展学术的宽度和深度。没有一代又一代学人的不懈努力，不可能有今天对新疆古代文化如此丰厚的积累和认识。饮水思源，以学术史的方式呈现是对前人的尊重，也是对历史的尊重。

二

对新疆地区历史文化遗迹的关注，与清代的历史背景密切相关。众所周知，清乾隆时期统一新疆，委任科布多参赞大臣管辖额尔齐斯河以北以东。乾隆二十七年（1762年），设总统伊犁等处将军（简称伊犁将军）。伊犁将军管辖天山南北，以及归附清朝的中亚和哈萨克各部。乾隆时期史学、金石学发达，新疆的统一吸引了一些学者对新疆历史文化的关注。按照传统，作为国家统治的区域，编修新疆相关历史文化书籍是题中应有之义。乾隆二十一年（1756年），刘统勋、何国宗奉旨编修《西域图志》。五年后撰成初稿。乾隆二十七年，命傅恒等人进一步辑纂。乾隆四十二年，又令福隆安、刘墉、于敏中、英廉、钱汝诚等重臣担任总裁官，组织人力增修。至乾隆四十七年（1782年）告成，定名《钦定皇舆西域图志》。在编纂过程中，史臣广泛收集史籍，进行地理测量。《西域图志》中对历史、地理、部族活动等，做了大量比对考证。其中不可避免涉及对古代城邦、山川地理、历史遗迹的讨论。

嘉庆时期，徐松被贬谪至新疆。通过实地考察研究，徐松撰成《西域水道记》一书，又著有《汉书西域传补注》《新疆识略》等书。在《西域水道记》中，徐松不仅详细记载河流情况，对相关地区的重要史实、建置沿革、典章制度、民族变迁、城邑村庄、卡伦军台、厂矿牧场、屯田游牧、名胜古迹等都做了详细考证。其成果后来大部分被吸收进《新疆图志》。

光绪十年（1884年），新疆正式建省。光绪三十二年（1906年），新疆省布政使王树枏呈请巡抚联魁，奏奉清朝批准，开始筹办新疆通志编纂事宜。宣统元年（1909年）正式成立通志局，王树枏、曾少鲁任总纂。宣统三年编成《新疆图志》116卷。《新疆图志》吸收学者研究成果，在《西域图志》基础上增加了大量内容，是清代部头最大、内容最丰富的一部方志，其中包含了大量对于山川地理、历史沿革、古迹风俗的记载和考订。

其他如陶保廉、椿园等人也有一些关于新疆古迹、交通、风俗的记载。应该说，清代西北史地之学成绩斐然，虽然其中不免有不准确，甚至是错误的地方，也不属于现代考古学范畴，但为以后的西域研究、丝绸之路研究开了先河，奠定了重要基础。今天人们对新疆地区历史文化的认识很多方面还是基于清代学者的成果。

晚清没落，西方列强觊觎中国，将其触角伸向中国西北地区。俄国、瑞典、英国、日本、德国、法国、美国等或者是以地理考察名义，或者是以古迹考察名义，纷纷派人到新疆探取情报、掠取文物。其中最为有名的是瑞典斯文·赫定、英国斯坦因、德国普鲁士考察队、法国伯希和、日本大谷探险队等。西方探险家的活动区域主要集中在塔里木盆地和吐鲁番盆地一带，他们发现了一些重要的遗迹、墓地，掠走了大量珍贵的文物，对遗址造成了无法挽回的破坏。特别是德国考察队所到之处，大都劫掠一空。今拜城、库车、吐鲁番一带的石窟壁画大量被切割剥取，就是这些西方探险家所为。西方探险家打着古迹考察的名义，所行却是破坏之事是不容辩驳的事实。大谷光瑞所在的本愿寺因资产经营不善，遂将探险队所获部分新疆文物变卖出售，很可以说明他们完全是将新疆文化古物视为劫掠所得的私产。

西方探险家身份有很大差异，关注点有很大不同，专业素养也参差不齐。如斯文·赫定、斯坦因、格伦威德尔等有较好的地理、历史或艺术研究的专业训练背景，他们对遗迹、遗物有相对详细完整的记录。而如日本大谷探险队则完全缺乏必要的专业素养，对于遗迹、遗物或是完全没有记录，或是记述混乱，给后来的研究者造成了巨大的麻烦。西方探险家的主要目的无疑是获取古代文物，他们在新疆的考察活动自然算不上是现代严格意义上的考古，不过他们所获取的资料却是新疆考古、丝绸之路考古研究无法绕开的。一味盲目地夸饰美化西方探险家是对历史的无知，一概抹杀西方探险家的成果也同样不足取。如何客观地认识和评判西方探险家的工作是必须审慎辩证对待的。

西方探险家在新疆所获的文物引发了广泛关注，客观上促成了国际丝绸之路研究的兴起。囿于知识背景，探险家和西方研究者所关注的自然集中于他们熟悉的方面，从而在之后很长一段时间里影响了丝绸之路研究的话题和视角。清末民初，一些中国学者也利用西方探险家获得的资料开展研究工作，其中以罗振玉、王国维合作的《流沙坠简》取得的成就最高。不过，这些研究都还属于历史学范畴。向达先生对斯坦因著作的译介，使国内学界对西方探险家工作有了概要的了解。

大量流失在海外的新疆古代文物有一些成为外国博物馆的重要展品，有一些已经整理刊布，有一部分则还未完全整理，仍然存放在库房或档案馆中。无论如何，对于中国人而言，这都是极让人痛心且无法释然的。

三

五四运动是中国近代史上具有深远影响的重大事件。五四运动后，中国人开始觉醒，反抗西方列强的政治、经济和文化侵略。中瑞西北科学考查团就是在这样的背景下产生的。考查团人员除考古之外，还有地质、气候等领域学者。从学科结构上来看，无疑还是受到此前西方探险家的影响。

仅就中瑞西北科学考查团的考古工作而言，有两点是值得注意的。第一，由于中国学者的参与，出土文物再不能被肆意带出中国。第二，黄文弼主要负责考古工作，由于他的学术背景关系，对新疆历史和古代遗址的关注开始有了中国学者的视角。黄文弼的记录带有考察日记的性质，其中还掺杂个人的学术推断，与斯坦因有很大的相似之处。虽然黄文弼对遗迹地点的记录、标识、测绘相对比较粗略，但考虑到当时中国的贫弱和十分艰难的学术条件，取得这样的成绩实属难能可贵。黄文弼先生所著《罗布淖尔考古记》《吐鲁番考古记》《塔里木盆地考古记》《高昌砖集》《高昌陶集》，以及后来整理出版的《新疆考古发掘报告》仍然是新疆考古研究必须仔细研读和参考的重要资料。

新中国成立才使新疆考古真正步入正轨。一方面，新中国成立后国家日益富强，在新疆安定环境下中国学者可以正常开展工作。另一方面，新中国培养的专业考古人才开始投身至新疆考古工作中，并且这个队伍在数十年间不断壮大。

20世纪50年代至60年代，文化部（今文化和旅游部）曾经派出考察团到新疆等地调查古代遗迹。不过，每个地点停留的时间不长，也没有进行发掘，主要目的还在于摸清基本家底。但有一点值得指出的是，这些专家团队的行程所及已经不限于塔里木盆地周边的南疆，而是扩展到了天山以北的北疆地区。可以说，将南北疆纳入统筹考虑新疆考古和古代历史文化，在这个时候已经初步显现端倪。

20世纪60年代至80年代，新疆考古工作者除继续在吐鲁番、和田等地开展考古工作外，开始更多着眼于西方探险家不太关注的北疆地区。虽然其中不乏苏联学者的影响，但也表明中国学者视野的拓展和探索草原地区文化的自觉，为日后草原地区考古研究的大幅推进奠定了基础。考古与塔里木盆地科学考察相结合，促使人们关注环境变迁与新疆古代绿洲文化的关系问题。吐鲁番地区阿斯塔那、哈拉和卓等墓地开展大规模正式考古，出土了大量珍贵文物和数量众多的纸质文书，学术界通过文书研究魏晋隋唐时期在这一地区的政治、军事、行政、经济等方面情况，开始着力勾勒吐鲁番盆地绿洲文化的面貌，涌现出大量学术成果。

改革开放以后，中国经济持续快速增长，社会建设水平显著提高，新疆考古迎来了一个快速发展阶段。北疆地区成为新疆考古的重点，随着材料的积累，对草原地区早期文化的认识不断深化，学者们开始着手建立考古学谱系，提出了如察吾呼、焉不拉克、天山北路、苏贝希等考古文化命名。虽然学界对一些考古学文化存在争议，不过对新疆古代文化做考古学文化命名，表明新疆考古正在形成体系化的认识，应该说是一个重大的进步。塔克拉玛干沙漠地区尼雅遗址、小河墓地等处的考古在这一阶段也有了重要收获。与法国、日本的合作交流，引入了新的技术和保护手段，帮助新疆考古研究工作者提取更多有价值的信息。利用不断涌现的新出土考古资料，国内学术界在新疆考古研究、丝绸之路领域研究方面也取得了长足进步。只不过许多学者仍然只把眼光放在外来文化的影响方面，未能摆脱西方学术界的窠臼。

党的十八大以后，国家的经济实力显著提升，对文化遗产事业更加重视，新疆考古再一次迈上一个新台阶。新疆考古在学术上发生了一些值得注意的转变。第一，部分学者深入梳理和反思以往研究在理论和方法上的得失，开始力图探索和构建新的研究框架，纠正摆脱西方和苏联学者设定的视角和研究范式。如何科学正确认识新疆古代文化也被提到了日程上来。第二，考古发掘工作的重心逐渐转向南疆，历代中央王朝对西域地区有效治理在物质载体上的呈现开始得到重视，表现为南疆一系列城市考古工作的渐次展开，进一步关注古代各民族交流互鉴与融合在遗迹和遗物上的体现，中华文化认同和中华民族共同体凝聚的考古研究也不断推向深入。第三，在部分学者的呼吁和推动下，以往散点式的考古发掘和研究工作开始凝练成有系统的大课题，有计划地推动新疆考古稳步前行。在这一系列转变下，各种考古发掘和研究新成果不断涌现，对新疆古代文化的认识也日益升华，极大提升了中国学术界在新疆考古、丝绸之路考古领域的国际话语权和学术影响力。

四

新疆考古已经走过很长一段路，有过苦难，有过曲折，有过惶惑，也有过争论。但正是经由一代又一代疆内外考古工作者的不懈努力和辛勤付出，才一点点勾勒并丰富了人们对新疆古代文化的认识。新疆考古未来的路还很远，还有许多问题有待辩证探索。但我们相信，只要方向明确，持续努力，久久为功，真理终将越辩越明，历史也将更清晰地呈现出来。

2022年冬，我们与新疆考古界同仁商量，提议举办一个展览，回顾百余年来新疆文物考古走过的历程。托名司空表圣的《二十四诗品》中有一句："可人如玉，步屧寻幽。载瞻载止，空碧悠悠。"其中"步屧寻幽"给人的感觉和王维诗句"兴来每独往，胜事空自知"有境界相似之处。学问既要博览旁取，更要冥搜独索，无涉浮华喧阗。"载瞻载止"可以用来比况学问一途，有时需要停下来仔细省思，盘点过去，规划未来。停不是止步不前，是为了更好地往下走。这和《论语》所讲"学而不思则罔，思而不学则殆"的为学之道意思相近，也许与为人处事之道也是相通的。笔者平素颇为喜爱《二十四诗品》这一句，因此取来彰显展览的主题和立意。

事实上新疆出土的文物精品数量众多，也足够吸引眼球。不过，文物展览不是开金银铺，眼光不应该仅仅盯着精品文物。文物是今人和古人对话的桥梁，是观众解析过去、了解历史、认知文明的载体。精品文物固然可以代表一时一地人群文化技术的成就，但历史的面向却并非只有少数几个维度，貌似普通不起眼的遗物也同样承载古人生活的温度，以及深厚的历史文化信息。考古工作所获得和面对的，更多恰恰正是破碎的陶片和其他一些不完整的遗物。观察和有效提取残砖碎瓦、零编断简的信息对于非专业观众而言也许并不容易，但并非遥不可及。如果将展览等同于精品陈列，无疑是文明的偏食症，既低估了观众对文明的渴求，也人为阻断了观众与历史的地气相接。经过多方努力，2023年11月"载瞻载止——新疆考古百年"在新疆美术馆举办了首展。展览的文物除少部分来自新疆地州市县博物馆外，多数来自考古库房，还有一些是新近考古出土的。由于是初步尝试，加之水平有限、时间仓促，展览虽然上马，但还是留下了不少遗憾。不过从观众的反应来看，总体还算差强人意。

首都博物馆有鉴于新疆在中华文明中的重要地位，我们致力引进这个展览，并在新疆首展的基础上做了一些增删调整。北京是首都，新疆考古成果展在首都博物馆展出，也是向国家和首都人民汇报多年来的工作。《中共中央关于党的百年奋斗重大成就和历史经验的决议》提出聚焦人民日益增长的美好生活需要[1]。在社会经济蓬勃发展的同时，人民对文化的需求也在不断增长。全国19个省市援助新疆，全国人民也在关心关注新疆的发展。我们希望这个展览有助于增进广大观众对新疆历史文化的了解，丰富对中华文明、中华民族共同体的认识。

---

① 《中共中央关于党的百年奋斗重大成就和历史经验的决议》，人民出版社，2021年。

实证多元一体格局
拓展边疆考古纵深
——新时代新疆考古重要收获

李文瑛　党志豪

新疆维吾尔自治区文物考古研究所

近十年来，新疆考古以习近平总书记关于文物工作重要论述为科学指引，立足新时代考古工作的历史定位和时代责任，聚焦重大历史问题，深入挖掘和阐释中华文明特性，统筹推进"考古中国"新疆项目，配合国家、自治区基本建设开展考古调查与发掘，取得一系列新发现、新收获，对于铸牢中华民族共同体意识、中华民族多元一体格局研究，具有重要学术价值和现实意义。

一、中华文明起源与早期发展的新疆篇章获得重要突破

新疆的史前时期，考古学上主要划分为石器时代（距今5000年前）、青铜时代（距今5000年至夏商时期）、早期铁器时代（西周至西汉初期）三个阶段。近十年来，新疆史前考古发掘项目多，材料丰富，研究深入。旧石器时代遗址、青铜时代和早期铁器时代大型聚落、墓葬、矿冶遗址以及城址的发现、发掘，填补了新疆史前考古的多项空白，深化了对新疆史前文化区系、聚落形态、社会结构、丧葬礼制、文化交流等多方面的研究，对于探索史前新疆在早期中华文明形成发展中的地位及作用意义重大。

（一）石器时代考古

石器时代考古曾是新疆考古的薄弱环节，以往虽也发现几十处石器点，但因缺少地层关系而年代不明，直到通天洞遗址的发掘才有了重大突破。通天洞是位于阿勒泰地区吉木乃县的一处花岗岩洞穴遗址，2016—2022年的考古发掘，发现了旧石器时代—青铜时代—

早期铁器时代连续地层。发现莫斯特石器技术特点的遗存，填补了中国缺少典型旧石器时代中期莫斯特文化类型的空白，为研究旧石器时代东西方人群的迁移、文化技术的扩散与交流提供了关键资料。距今约13000—8900年乃至更早的连续细石器文化层，为进一步明确新疆细石器技术及其时间框架奠定了基础。发现距今约四五千年的炭化小麦、黍颗粒，为研究史前欧亚草原之路、华北早期农业文化传播开辟了新的视角。

以通天洞的发掘为起点，在南北疆开展的石器调查也有重要收获。在哈密市七角井遗址发现距今11000年左右人类加工细石器的遗迹，揭示出七角井细石器技术与华北及东北亚地区细石器技术的密切关系。吉木萨尔县小西沟遗址发现典型石核石片技术石制品，其年代有可能在10万年以上，为追溯早期人类迁徙扩散路线提供了重要的新证据。塔什库尔干塔吉克自治县库孜滚遗址则是一处面积约50平方千米的全新世早期露天遗址，是国内发现同时期面积最大的石器加工场，年代上处于旧石器时代晚期早段，或可揭示人类征服高海拔地区的艰难历程。

（二）青铜时代考古

青铜时代考古的重要发现除准噶尔盆地西北缘一批青铜时代早期遗存外，大部分集中于天山地区，有西天山地区的温泉县阿敦乔鲁和呼斯塔遗址、尼勒克县吉仁台沟口遗址，东天山地区的巴里坤哈萨克自治县（以下简称巴里坤县）海子沿遗址、哈密市黑山岭矿冶遗址，以及巴里坤县泉儿沟墓地、哈密市柳树沟墓地。南疆地区的疏附县阿克塔拉遗址群也开始受到关注。

新疆青铜时代早期遗存的发现和确认，始于2014年配合基本建设实施的哈巴河县阿依托汗一号墓地两座墓葬的发掘，其后陆续在额敏、和布克赛尔、尼勒克、托里等县也发掘有这一时期的墓葬。其中，阿依托汗墓葬封堆有用片石栽立的石围，葬式均为仰身屈肢，尸身上多涂抹红色颜料，随葬器物多为夹砂灰陶罐，尖底或小平底。这批遗存主要分布于准噶尔盆地西北缘，年代在距今约5000—4500年，也有学者认为属铜石并用时代，是石器时代向青铜时代过渡研究的重要资料，对于深化这一时期考古学文化内涵的认识具有重要价值。

阿敦乔鲁和呼斯塔遗址同处博尔塔拉河流域。阿敦乔鲁遗址位于阿拉套山南麓山前坡地，2011—2017年发掘出采用院落式布局的大型石构房址及50座墓葬，年代距今约3800—3400年。呼斯塔遗址位于阿拉套山南麓草原地带，2016—2023年考古调查和发掘表明，这是一处面积超过12平方千米的大型聚落遗址，遗址的核心区有面积近50000平方米的城址（包括西城墙内外的引水渠、城内南部由石墙包围的院落、院落内的石砌房屋建筑群）、墓地，核心区外还有不同性质的石构建筑，是博尔塔拉河流域目前所见规模最大、内涵最丰富的青铜时代遗址，遗址年代在距今约3700—3400年。遗址中出土的马骨是目前中国境内所见最早的家马之一，加之石磨盘、磨棒和陶器等器物表面粟黍类农作物残留物的发现，说明至迟公元前17世纪，以欧亚草原为媒介的东西方文化交流与互动就已十分频繁。阿敦乔鲁和呼斯塔遗址的发掘，揭示了青铜时代以来西天山地区新出现的游牧族群和经济形态的存在方式，研究者结合民族学资料，判断该时期西天山一带活动的游牧族群，或已具备了游牧经济必备的转场游牧技术和营建大型聚落的能力。

2015—2022年发掘的伊犁河支流喀什河北岸的尼勒克县吉仁台沟口遗址，主要由沟口内侧的居址区和外侧的高台大墓组成，主体年代在距今约3600—3000年。遗存可分三期，三期房屋从大到小、从规整到简陋，显示出生活方式的转变，恰好反映了西天山地区人群生业方式由畜牧向游牧经济转变的过程，对欧亚草原地带此类研究具有启示意义。居址区所见燃煤遗存引人瞩目，这一发现将人类用煤历史提前千年。在遗址早晚地层，尤其是房址内部发现了大量煤灰、煤渣、煤矸石、未燃尽煤块以及煤的堆放点等，显示出使用煤炭资源作为燃料这一行为贯穿了整个聚落发展的始终。遗址中发现了丰富的与青铜冶铸有关的遗物、遗迹，如铜矿石、铜锭、炼炉、坩埚、陶范等，显示当地存在明确的制铜生产活动。将这一发现与附近的奴拉赛古铜矿联系起来，会对伊犁河流域青铜冶铸业的发展水平有新的认识。高台大墓为120米见方的覆斗状墓葬，由地上高台坟冢和半地下墓室两部分构成，坟冢边缘整齐围砌高约1.5米的石板，石板围墙内以卵石垒砌辐射状石墙向中心汇聚，中心高约5米，极为壮观。墓室呈甲字形，面积近40平方米。高台墓葬是目前新疆发现的青铜时代面积最大、规格最高、保存完整的石构墓葬。居址区和高台大墓共同构成了一处规模宏大的大型聚落遗址，研究认为可能是伊犁河流域青铜时代晚期最高等级的中心聚落之一。巨冢地表呈立体结构的辐射状石墙，具有明显的祭祀功能，如此规模的祭祀建筑公共属性明显，对于深刻认识当时社会有重要启示。另外，巨冢中出土的2辆四轮木车及骨质滑冰鞋等遗物，则是研究东西方早期物质、技术交流的重要实物。

位于东天山地区巴里坤湖南岸的海子沿遗址，经过2017年、2019年两次发掘，首次完整揭露出东天山地区一处面积达1200余平方米的石构、土石混筑的大型套间房址及其结构、建造方式、功能和多次废弃、营建的过程，确定遗址为距今3300—2800年青铜时代晚期的一处聚落。房址规模宏大、结构复杂，生活设施的数量和体量明显超出常规，还出土大型木雕动物和石权杖头等规格较高的遗物，应是高级阶层或集体居住生活的场所。出土储藏青稞的陶器与石锄、石臼、石磨盘、磨棒等器物和大量牛、马、羊骨骼，表明当时的生业方式为定居农业兼营畜牧业。

新石器时代中晚期我国黄河中上游一带的先民大量使用绿松石，是中国北方重要的装饰文化传统。位于哈密、罗布泊、敦煌之间嘎顺戈壁内的黑山岭遗址，是目前已知世界上规模最大的古代绿松石矿业遗址群。2018—2022年的调查发掘，明确遗址分布面积约20平方千米、古矿点110余处。矿区功能分区完善，历经商周至战国时期数百年的开采，矿料不仅供给周边地区，还辐射东部河西地区，其开采人群和技术可能与河西走廊四坝和骟马文化有关。该遗址的发现，对解决西北地区新石器时代至青铜时代绿松石料的来源和早期采矿技术具有重要意义，对研究珍稀资源的利用、东西资源互动和我国社会复杂化进程之间的关系具有重要的价值。

柳树沟墓地、泉儿沟墓地分处东天山南北，均为青铜时代晚期遗存。前者位于天山南麓柳树沟山口，2013年发掘墓葬108座、石构房址2处，后者位于天山北麓山前地带，2016年发掘墓葬158座。两者在墓地布局、地面建筑、葬具、葬式及随葬品等方面具有较多相同特征，暗示着早在青铜时代天山廊道即已开拓，并在沟通南北文化中发挥了关键作用。

近年来学者还将研究视角投射到南疆地区的史前遗址。喀什地区疏附县阿克塔拉遗址群，2021—2023年的调查、发掘显示，遗址群分布面积超10万平方米，以青铜时代遗存（距今4000—3600年）为主体，包含多个不同时期的遗存，且可能存在着不同的功能分区，这大大丰富了阿克塔拉遗存的文化内涵，为探讨乌帕尔绿洲等高海拔地区人类的开发与利用、建立史前文化年代序列乃至喀什绿洲考古学文化的时空框架体系提供了科学的基础资料。

（三）早期铁器时代考古

这一时期的重要发现有天山南麓塔里木盆地北缘的轮台县奎玉克协海尔古城、和硕县红山墓群；东天山地区的伊吾县尖甲坡贵族墓葬、哈密市亚尔墓地；中天山地区的阜康市白杨河墓地、沙湾市大鹿角湾墓群；阿尔泰山南麓的哈巴河县喀拉苏墓地、青河县强坎河墓地等。

奎玉克协海尔古城位于轮台县东南荒漠，地表可见周长约900米的不规则圆角长方形城垣及城内中心残高约6.5米的高台。2018—2023年通过勘探、发掘，结合碳十四测年，基本明确了城址的建造、使用和废弃过程：公元前770—前500年左右，具有一定规模和防御功能的聚落形成；公元前550—前400年，拥有高大城墙和宽广壕沟的城址开始出现，城中同时起建高台建筑；公元前400—前150年，城内高台建筑不断扩建、改建，至公元前后，部分城址已经废弃，城外还发现与城址相关的附属水利设施。库尔勒市的玉孜干古城形制与奎玉克协海尔古城相似，2020—2023年的发掘，基本明晰了城内高台形制结构及形成过程，其始建年代当不晚于春秋战国之际。这些早期城址的发现，是新疆史前考古的重要突破，不仅对研究天山南麓早期铁器时代从聚落到城市的发展、文化面貌具有重要的意义，同时也为理解区域社会结构的演变、新疆地区逐步纳入统一的多民族国家的历史进程，提供了更多的观察视角和研究模式。与奎玉克协海尔古城同时代的和硕红山墓群，位于天山南麓山间小盆地内，由红山沟墓地、红山墓地和乌兰托里盖墓地组成。2015年发掘墓葬38座，墓葬石围和附带的祭祀性小石围、竖穴石室、分层埋葬特征，发达的几何纹构图的单耳带流彩陶器，明显属于察吾呼文化传统，为进一步研究察吾呼文化内涵、时空范围提供了新资料。

东天山北麓伊吾谷地的尖甲坡墓群，分布在总面积约1.35平方千米的范围内，是一处规模宏大、布局清晰、保存完好的高等级贵族墓葬群。2022—2023年发掘的主墓M1及其陪葬墓、殉牲坑、祭祀堆等相关遗迹为战国晚期至西汉遗存，是首次对东天山地区游牧贵族墓葬的较大规模揭露，为研究当时社会结构、贵族集团的埋葬制度、文化面貌及其与中原文化联系提供了重要资料。亚尔墓地地处东天山南麓绿洲，2012—2013年发掘墓葬近500座，发掘规模仅次于哈密天山北路墓地，墓地年代在距今3000—2300年前，基本属于焉不拉克文化遗存。墓葬流行竖穴土坑墓、竖穴土坯二层台墓，随葬品常见彩陶、青铜器等，为焉不拉克文化的深入研究奠定了新的材料基础。墓地出土的实心木车轮，则为研究车辆在新疆的传播和发展提供了重要线索。

阜康市白杨河墓地是中天山地区博格达山北麓发掘规模最大的墓群，2016—2018年发掘墓葬600余座。墓群中公元前5世纪—前2世纪的高等级墓葬，形制特殊，墓葬主墓周边布有数量不等的殉葬坑及祭祀遗存，虽被扰严重，仍出土了金耳饰等精美的金器。墓葬与吐鲁番交河沟北1号墓地有较多相似之处，或为车师高规格贵族墓地，是探索天山廊道南北交通及战国秦汉时期中天山北麓贵族阶层丧葬习俗的重要发现。大鹿角湾墓群位于中天山北麓山前坡地上，2014—2015年发掘墓葬69座。墓葬时代多集中在春秋至汉代，反映的文化内涵丰富，诸如墓葬中特殊的墓底横向掏挖小龛用于放置随葬品的竖穴二层台墓，随葬品中写实性动物纹彩陶器、羊首形角觯等，在新疆地区都属首次发现，其中彩陶器体现出东来的彩陶文化与当地动物纹样传统的融合。

喀拉苏墓地分布于阿尔泰山南麓戈壁草场，2014年发掘墓葬50余座，属于早期铁器时代的墓葬16座，多数墓葬殉马。其中2座高等级的墓葬为石椁木棺墓，M15殉马11匹，是新疆目前考古发现殉马数量最多的一座墓葬。随葬品十分丰富，特别是一批制作精美的黄金饰品引人关注，这一发现为揭示阿尔泰山区域游牧王国上层成员埋葬习俗提供了重要材料。青河县强坎河墓群位于河岸台地或山前坡地，2022年发掘清理墓葬30座，其中早期铁器时代墓中见棺椁与殉马。棺均为独木棺，单人葬居多，随葬品以陶壶、木盘、铁刀、羊尾为基本组合。还出土鹤嘴斧、金饰件、包金木马、彩陶等，显示出来自欧亚草原巴泽雷克文化、东方彩陶文化的影响，丰富了阿尔泰山区域早期铁器时代文化内涵。

二、国家管理与文化认同研究取得重要进展

张骞"凿空"西域后，陆上丝绸之路开通，新疆进入新的历史时期。公元前60年西域都护府设立，新疆正式纳入中国版图，此后历代中央政权均行使对西域的管辖权。城市是集中体现一个时代文明的有效载体，也是历代中央政权有效治理新疆的有力支撑，以古代城址为中心的历代军政建置体系考古与研究，是近年新疆历史时期考古的着力点。轮台卓尔库特古城、奇台石城子、新和通古斯巴什古城、塔什库尔干石头城、吉木萨尔北庭故城、奇台唐朝墩古城、尉犁"沙堆烽"、库车乌什吐尔遗址、巴里坤大河古城等发掘，推进了对汉西域都护府和唐安西、北庭都护府及其治下相关军政建置遗址的考古探索，深化了对国家有效治理和文化认同史实的认识。

天山南麓、塔里木北缘的轮台县卓尔库特古城，是西域都护府遗址群考古首选实施发掘的遗址。该城内外两重，外城约33万平方米，内城周长1250米，内城中心与东垣各有一高台。2018—2023年发掘揭露出东垣高台为一附建于内城东墙外的城址建筑，拥有独立围墙，由此与内、外城共同构成三重城。高台城址及内城中高台修筑年代基本一致，可分为战国至西汉、东汉、魏晋三期，主体年代在两汉时期。两处高台遗址体量都较大，其中东高台城址中的F1面积达300平方米，为目前新疆地区汉晋城址中单体最大房址。发现有殉人、殉犬现象，应为筑城奠基或祭祀行为。所见大型朱漆木柱和榫卯结构，明显为典型汉文化遗存。规模宏大的高台建筑、朱漆木柱等是高等级城址的具体反映，证实了该城为两汉时期丝路北道的一处重要核心城市。

坐落于天山南北重要通道的奇台县石城子遗址，2014—2019年经由对城门、房址、窑址、墓葬等遗迹的发掘，首次明确了城址的形制布局和功能区划。出土以建筑材料为主的千余件器物，是迄今新疆唯一大量出土汉代砖瓦的遗址，窑址的发现表明砖瓦是采用中原传统技术和纹饰母题在本地制作。遗址严格遵循汉代边郡规制，年代明确、形制完整、特征鲜明，被研究确定为汉"疏勒城"旧址所在，在新疆汉代考古学研究上具有标尺意义。

新和县通古斯巴什古城地处渭干河冲积平原边缘，多认为是唐安西大都护府治下的军屯中心遗址。2013年勘探发掘表明，城内文化层堆积超过5米，城址延续使用时间较长。城中分布有十字大街，大街中部东侧有一处较大台基，可能为衙署遗址。出土涂朱墙皮、涂

青金石墙皮、贴金塑像残块等，表明该房屋建筑的等级较高。北瓮城东侧分布有佛寺遗址的布局结构与文献记载的唐代州县城相似。出土文书中不同人名的记载，表明不同族群在此共同生活、屯戍。

塔什库尔干塔吉克自治县石头城遗址，2015—2020年发掘确定了外城、内城、子城（宫城）的空间关系，突破了以往认知，其北子城当为汉唐时期揭盘陀王国宫城所在，唐代在此基础上构建了葱岭守捉。城内佛教遗址的发掘证明了当地佛教曾经的兴盛，对《大唐西域记》等文献的记载提供了考古上的实证。

北庭故城是唐至元时期丝路天山北麓政治、军事和文化中心。2016年、2018—2023年的勘探、发掘，确定了内外两重城的基本形制，揭露了城门、道路、佛寺和疑似官署等重要遗迹的原貌。考古发现表明，故城总体框架基本是唐中央政权通过庭州、北庭都护府为代表的机构统治西域150余年间建成，大小两套城圈的变化应当反映了故城从庭州到北庭都护府、伊西北庭节度的发展演变历史，高昌回鹘和元朝时期基本沿用唐代北庭大的形制布局，仅做局部的修补和更改。出土"悲田寺"陶片连同莲花纹瓦当和铺地方砖、脊头砖、须弥山砚等器物，不仅是中原王朝对西域有效管辖和故城较高地位的实证，更是西域与中原密切交流的实证。

北庭故城东约30千米的奇台县唐朝墩古城遗址，2018—2023年考古发掘，在基本厘清城址布局结构和年代序列的基础上，清理出唐至元时期的各类遗址，包括带围墙的唐代院落遗址、高昌回鹘至元代的浴场遗址、佛寺遗址、景教寺院遗址等。在城址东墙中部和南墙中部均发现有城门遗址，结合城内建筑和街道布局判断，城址大体呈十字街布局，存在南北向轴线，佛寺、景教寺院等主要建筑均选址于轴线之上。出土包括壁画以及汉、回鹘、叙利亚文等文字遗存在内的大量遗物。结合对周边遗址的调查，明确唐朝墩古城遗址始建于唐，为唐代庭州蒲类县旧址。发掘揭露的浴场、佛寺、景教寺院等遗址，反映了唐朝墩古城作为丝绸之路新北道上的交通枢纽，在唐代至元代期间繁盛的社会经济和多元交融的文化景象。

喀什市汗诺依古城遗址，2018—2023年调查、发掘，显示其由城址、水渠、街道、作坊、窑址及寺院等大量功能与形制不同的遗迹构成，是汉晋到唐宋时期西域疏勒国的重要城邑聚落，大体废弃于元代。考古发掘明确遗址东西两端各有一座方城，其中西城为边长86米的唐宋城址，城东北有砖窑、手工作坊和墓葬等遗迹，作坊区延绵1千米有余，出土釉陶、玻璃、唐宋钱币、水银瓶、金、玉、青白瓷、青金石、珊瑚等大量遗物，显示出当地发达的手工业及繁盛的商贸交流。东城是边长110米的魏晋城址，城址规整且符合汉制50丈，或为汉桢中城旧址。东城与方圆5千米内的多座佛塔呈现"城外有寺"布局特征，实证了疏勒是早期西域佛教重地。

博乐市达勒特古城遗址，经2016—2017年、2019—2023年的考古发掘，明确了古城基本形制及内、外城建造演变关系，确认其为宋元时期"孛罗城"旧址，至迟于西辽时期即已存在，元代时仍为博尔塔拉河流域的中心城市。城内遗迹以土坯房址为主，部分房址内设凉炕或火炕，另有罗马风格的砖构浴场，反映了东西建筑技术的交汇。出土器物除具有西域风格的陶器、钱币、玻璃外，也有来自内地的瓷器、方孔铜钱，及更广地域的青金石、海贝等物，展现了丝绸之路广泛的物质与技术交流。

2022年、2023年发掘的塔里木盆地西北托库孜萨来古城遗址，初步揭示为一处由城址、佛寺、墓群、河道等遗存构成的综合性遗址，面积达110万平方米。年代跨度大，目前多见唐宋时期遗存。

烽燧也是军政建置体系的一部分，是国家行使主权的重要标识，对保障丝路的畅通和政令的传达有着重要意义。尉犁县克亚克库都克烽燧遗址，是孔雀河沿线烽燧之一，由烽燧本体、房屋等建筑构成。2019—2021年考古发掘系统揭露了遗址的全貌，清理烽燧、房屋、水塘、灰堆等遗迹，展示了烽燧遗址的结构布局、构筑方式。出土纸文书和木简800余件，诸多内容为首次发现。由出土文书确认该烽燧遗址为唐代"沙堆烽"，是一处游弈所的治所。遗址出土文书是一组完整的烽燧文书群，所记内容涉及军事、政治、经济、文化等各个方面，为深入研究我国古代军事制度、驿传制度，特别是边塞烽堠的日常运作提供了第一手资料，大大补充了唐朝边防的诸多细节。出土文书还详细记录了与"沙堆烽"有关的掩耳守捉、焉耆守捉、榆林镇、通海镇等不同级别军事机构及"楼兰路""焉耆路"等军事防御线路，填补了唐代安西四镇之一焉耆镇下军镇防御体系历史文献的空白。文书内容揭示出"沙堆烽"与周边烽铺、镇戍、都护府、西域地方政权之间的密切联系，实证了唐代中央政权对西域的有效管辖和治理。

库车市乌什吐尔遗址，学界认为系唐柘厥关旧址。2019—2023年调查、发掘。在南城、东城清理出房址、灰坑、灶址等多处遗迹，出土龟兹文陶片、石膏佛足、青铜小佛像、骨卜具、金戒指、玉人残件以及五铢钱、汉龟二体钱等重要文物。现存遗迹主体年代为魏晋至唐代，结合文献记载，进一步丰富了对唐代柘厥关的认识。

此外，配合文保工程对哈密市拉甫却克古城、巴里坤县大河古城的发掘，厘清了城址年代、布局，进一步明确为唐伊州纳职县旧址、唐伊吾军驻地甘露川旧址，有力拓展了唐代伊州史地军政建置的研究。

新疆地区历史时期墓葬的发掘亦有重要收获。2019年吐鲁番市也木什墓地清理墓葬34座，大型墓葬墓室门口有用生土雕刻的仿中原地区砖木混雕组合的门楼。2022年吐鲁番市巴达木墓地的发掘，其中一座高等级墓葬，墓主为唐中散大夫恒王府长史摄北庭副都护程奂，墓葬中出土墓志等珍贵文物，对研究北庭都护府所辖西州军政建置具有重要的史料价值。2021—2023年库车市友谊路墓地发掘墓葬近2000座，年代涵盖春秋战国、魏晋南北朝、唐以及元明四个大的时期，其中魏晋十六国高等级墓葬完全采用中原砖室墓结构，亦见"手握铜钱""口含"等中原传统丧葬习俗。出土汉五铢钱、剪轮五铢、钱纹镜、凤纹镜、罐、瓮、盆、灯盏、鸣镝、博具等各类随葬品，体现出中原文化与龟兹地方文化的汇融。在北疆地区及天山谷地、山麓地带，发掘有少量唐宋时期墓葬，其中不乏高等级墓葬。如2021年发掘的和静县乌拉斯台唐墓中，随葬镶金木质马鞍、蹙金绣织品、海兽葡萄纹铜镜、粟特银杯、箭箙等；2016—2017年发掘的吉木萨尔、奇台、阜康三地同名的白杨河墓地，在唐宋时期墓葬中，随葬宝花纹绫、鎏金铜带扣、海兽葡萄纹铜镜、箭箙以及殉牲（马）等。这些遗存既体现出浓厚的游牧文化气息，也反映了中原文化的影响以及多元文化的交融，展示了在统一国家背景下，天山南北各区域人群创造性发展、相互交流借鉴的生动场景，构成了新疆历史文化丰富多彩的面貌，并汇聚融合成中华文明的重要组成部分。

三、多种宗教并存格局得到深度印证

新疆是多元宗教交流汇聚之地，近十年来，在佛教石窟寺、地面佛寺及景教遗存考古方面取得新收获。随着宗教遗存的不断发现及相关研究的不断深入，新疆古代多种宗教并存格局得到深度印证，展示出中华文明的包容性。

吐峪沟石窟古称"丁谷寺"，始凿于5世纪，至15世纪逐渐废弃，是吐鲁番地区开凿时代最早、规模最大的佛教石窟群，也是古丝绸之路沿线的重要佛教遗址，更是联系南疆地区与内地佛教遗址的重要纽带。2010—2017年、2023年先后进行过九次考古发掘，清理出塔庙窟、佛殿窟、僧房窟、禅窟、储藏窟、讲堂窟等各类型洞窟100余座、地面寺院3座，壁画面积300余平方米、题记多处，出土汉文、回鹘文、粟特文、梵文、古藏文、蒙文佛经写本和世俗文书，以及雕塑、绢画、陶器、木器、纺织品、钱币等各类遗物。发掘基本理清了吐峪沟石窟的分期年代和不同类型石窟寺的营造规划理念、寺院形制布局、洞窟组合、洞窟类型和造像体系，对于进一步深化西域佛教考古、石窟寺考古、丝绸之路以及吐鲁番历史文化研究具有十分重要的学术价值。

莫尔寺遗址位于喀什市东北，地表矗立覆钵形土坯塔和方形土坯塔各一座，是我国最西部、年代最早的大型地面佛寺遗址，提供了佛教初传中国时期的早期独立式佛教寺院布局和中国化发展演变的关键样本。2019—2023年通过考古勘探和发掘，较全面呈现了寺院分布范围、建筑布局和建筑结构，基本明确了主要建筑的性质和遗址的兴衰历程。初步断定遗址至迟始建于公元3世纪中叶，约9世纪末10世纪初废弃。可分为3个阶段，早期修建了印度和中亚地区传统的覆钵式舍利塔和本地特点的独栋式僧房；中期约4—6世纪增修了塔里木盆地普遍流行的回字形佛殿，可能还有方形大塔；晚期约7—10世纪初，新修了具有汉传佛教建筑特征的大佛殿等建筑。大佛殿出土佛像显示出中原文化影响，碳十四测定年代约为7世纪末8世纪初，也出土有开元通宝钱币，结合相关文献记载初步推断很可能与武则天在安西四镇中的疏勒镇修建的"大云寺"有关。

除唐朝墩古城内的景教寺院遗址外，2021—2023年发掘清理的吐鲁番市西旁景教寺院遗址也是新疆景教遗存的重要发现。该遗址位于火焰山南麓一座丘岗上，面积约2500平方米，是一处功能完整的景教寺院遗址，除宗教建筑外，还包括图书室、储物间、厨房、酒窖、寝室等遗迹。出土文书、壁画等各类重要文物2000余件（组），其中汉文、叙利亚文、粟特文、回鹘文等纸文书800余件，包括汉文佛经、道经及叙利亚文、回鹘文等景教文献，是1949年以来景教文献出土量最多的一次。丰富的遗迹和遗物，为研究中古时期景教在新疆地区的流传和本土化、丝绸之路与中外文化交流、西域语言文字等方面提供了翔实资料。

潮平两岸阔，风正一帆悬。在建设中华民族现代文明新征程上，新疆考古工作将勇担新时代赋予的新使命，坚持"大考古"工作理念，加强跨领域、多单位深度合作交流，持续实施好"考古中国"重大项目，以考古学科为基础，深化重大历史问题研究，加快推进考古成果转化与传播，为文化润疆大业作出考古人应有的贡献。

目 录

引言

巍巍天山接秦岭，悠悠塔河入积石。

新疆是中国不可分割的一部分，新疆地区的历史文化是中华文化重要的组成部分。无数铃声遥过碛，作为古丝绸之路的核心地段，中国从这里敞开胸襟，学习其他文明的优秀成果，也从这里向世界传递东方智慧。壮美新疆见证了中华民族的形成发展，见证了中华民族的崛起与复兴。

文物是文化的载体和历史的见证，是中华民族精神生生不息的根脉。百年以来，新疆考古工作者怀着爱国热忱和历史的使命担当，踏遍雪山高原、大漠戈壁，守护文化遗产，阐扬中华文脉。

百年风雨，新疆考古始终与中华民族的命运紧密相连。在民族危亡的时刻，新疆的古迹饱受劫掠，伤痕累累。新中国成立后，新疆考古走上了正常轨道，成果丰硕。新时代新征程，新疆考古工作者砥砺前行，倍加努力书写中国故事。

考古考古，千辛万苦
万人如海，我在其中

新疆文物考古所工会成立大会

1840年以后，中华民族陷入深重危难。西方列强不仅在中国肆意侵吞资源财富，还将触手伸向文化领域，新疆的文物古迹受到严重的破坏。

　　19世纪末，西方和日本的探险家纷至沓来，借科学考察的名义挖掘古代遗迹，劫掠大批珍贵文物。流散海外的文物、割痕累累的壁画，是新疆考古一段抹之不去的伤心史。西方探险家的活动客观上引起世界对新疆古代文化和丝绸之路文明的关注，同时嵌入了西方的视角，很长时间内影响了人们的关注重点。

　　出于对中华文脉的赤诚，觉醒的中国学术界痛心于古物流散，开始参与西北科学考察活动。由于时代的局限，早期的工作虽然稚嫩且不完善，但记录下大量宝贵记录，引发了国人对西北古代遗存的关心。

　　新疆考古就在这种艰难背景下开始蹒跚起步。

第一部分

心伤暗夜尽、劫灰

壹

丝绸之路上的魅影

19世纪下半叶，由于旧中国的落后与晚清政府的腐败无能，伴随着列强瓜分世界的狂潮，青藏高原及新疆等地沦为了外国探险家、地理学家等竞相角逐的地方。

踏足新疆的外国探险者不论其身份如何，也不论其学术背景如何，都是为了探取中国的情报、掠取中国的文化资源，根本目的都是服务其所在国的政治利益，本质上都是帝国主义的文化侵略。

外国探险者的介绍，虽然在客观上促成了世界对于古代丝绸之路的关注，但同时也深刻植入了西方观念，以西方的认识角度进行阐释和解读，建构世界文明史的叙事。

毋庸讳言，外国探险者对新疆古代遗迹遗物的破坏性获取并不光彩，也不是严格意义上的考古学。因此，他们也被称为"丝绸之路上的魅影"。不过，外国探险者所获仍是后来学者研究无法回避的参考资料。

斯文·赫定（Sven Hedin, 1865—1952）

瑞典人。德国学习期间，在著名地理学家费迪南德·冯·李希霍芬（Ferdinand von Richthofen, 1833—1905）指导下研究地理与古生物学。1893年至1935年，先后4次到新疆考察。

斯文·赫定探察重点在于新疆和西藏地区的地形、地貌。第三次到新疆考察，在穿越塔克拉玛干沙漠时，意外发现楼兰古城等遗迹，攫取了大量文物。后来由于中国学者的强烈反对，斯文·赫定再无法借考察之名随心所欲地攫取文物。1927年，斯文·赫定与中国学术界商议，共同组成中瑞西北科学考查团，分赴内蒙古、甘肃、新疆等地考察。斯文·赫定所获中国文物集中收藏在斯德哥尔摩瑞典人类学博物馆。

马克·奥里尔·斯坦因（Marc Aurel Stein, 1862—1943）

匈牙利人，1904年入英国籍。1900年，斯坦因的中亚考古计划获英属印度政府批准。1900年至1931年，先后4次到中国探察。

斯坦因探察的重点主要在新疆的和田、喀什、吐鲁番，以及甘肃敦煌一带。丹丹乌里克、尼雅、楼兰、米兰、高昌故城，阿斯塔那墓地，敦煌石窟等一大批重要遗迹均未能幸免于难。从中国攫取的大批珍贵文物，大部分被运至英国，部分瓜分给印度。斯坦因在《古代和田》《西域考古图记》等书中详细记录了探察过程与收获。在中国所获让斯坦因在西方声名鹊起，被英国女王授予爵士爵位。

日本探险队

由西本愿寺第22代宗主大谷光瑞主持，1902年至1914年，先后3次到中国西北探察。

大谷探险队在和田、阿克苏、吐鲁番、楼兰等地挖取文物，破坏性剥取古代佛教壁画。因为内部财政问题，探险队活动于1914年中断，所获新疆文物被分散倒卖至日本、朝鲜半岛等地，部分留存在旅顺博物馆。大谷探险队成员有本多惠隆、井上弘圆、渡边哲信、堀贤雄、橘瑞超、野村荣三郎、吉川小一郎等。由于成员缺少基本的科学训练，对文物出土情况记述混乱，给后来的学术研究造成了许多麻烦。

贰

危难中的抗争

新疆考古的特性和关键意义，以及和国家命运的紧密相关，在旧中国表现得尤为突出。五四运动唤醒了中国人民自立、自强的意识，抵制外国侵略瓜分，致力于中华民族的重生。中瑞西北科学考查团就在这个时候应运而生。

西北科学考查团中方成员发挥了关键性作用。北京大学黄文弼先生成为考古工作的关键人物。陈宗器、袁复礼、刘衍淮在地理、测绘、气象等方面的工作，为理解新疆古代文化变迁提供了重要资料。

受时代的局限，西北科学考查团的工作不够完善，也仍有许多工作未竟，但毕竟迈出了最关键的一步，为新中国成立后的新疆考古工作积累了宝贵经验。更重要的是，西北科学考查团对国家历史文化的挚爱之忱和不畏艰险的精神深深激励着后来一代又一代的新疆考古人。

中瑞西北科学考查团

五四运动以后，中国人民觉醒。知识界率先反对外国考察队肆意掠夺古物和破坏古迹。斯文·赫定与中国学术团体协会达成协议，组建中瑞西北科学考查团，徐炳昶和斯文·赫定分任双方团长，负责考古工作的中方成员为北京大学的黄文弼。

中瑞西北科学考查团经内蒙古、甘肃到新疆，进行包括考古学在内的多学科考察。黄文弼在吐鲁番、巴州、阿克苏、和田等地调查发掘，袁复礼勘测北庭故城。瑞方队员安博特（N. Ambolt）、诺林（E. Norin）参加了和田古代遗迹调查。考查团共同在楼兰地区测绘了罗布泊，发现了著名的土垠遗址与小河墓地。

黄文弼

黄文弼（1893—1966），原名黄芬，字仲良，湖北汉川人，中国科学院考古研究所研究员，考古学家、西北史地学家。

1927年参加西北科学考查团，赴内蒙古、新疆考察。考察了吐鲁番盆地、焉耆盆地和罗布泊地区等，发现土垠遗址。

1933年第二次入疆，再次进入罗布泊地区，历时两年。

1943年受西北大学委托，第三次赴新疆考察。

中华人民共和国成立后，任中国科学院考古研究所研究员。1957—1958年，第四次到新疆，带领中国科学院考古研究所考古工作者和当地文物工作者，在哈密、伊犁、焉耆、库车等地考察。1966年12月18日在北京病逝。

代表著作有《高昌砖集》《高昌陶集》《罗布淖尔考古记》《吐鲁番考古记》《塔里木盆地考古记》等，简称"两集三记"。

1949年新中国成立以后，新疆考古也迎来了光明。中国学人怀着满腔的爱国热情，克服种种物质条件困难，足迹遍及更加辽远的天地，开启了新疆考古崭新的篇章。

在北疆地区开拓性的调查发掘，是对新疆古代文化深入思考与探索的初步尝试，为日后草原地带的考古作了基础铺垫。东疆地区的考古为勾勒中国古代区域关联性积累了最初的资料。

吐鲁番地区的持续考古，获得了大量区域历史文化的丰富资料，展现了中原文化的深刻影响和多元文化交光互影的瑰丽，逐渐成为国际学术界普遍关注的话题。环塔里木盆地的考古也逐渐迈入正式轨道。

虽然不免受到国外考古学阐释体系的影响，但新疆考古科学化探索自此扬帆启航。

第二部分

筚路蓝缕启朝华

壹

草原文化初探

怀着报效国家、服务于新中国文化事业的热忱，新中国培养的考古专业人才积极投身到新疆考古事业之中。他们带着对古代文化的情怀和深入思考，以专业的方式方法开始了新疆考古。

新中国成立以前，外国探险者对新疆古代遗迹的调查和文物的攫取主要集中在南疆地区。探索和揭示北疆地区的古代文化面貌，成为新疆第一批考古工作者破题的关键。

在北疆地区开展的调查工作，初步摸清了该地古代遗迹的基本概况。运用考古学方法尝试发掘切木尔切克、阿拉沟（鱼儿沟）、巩乃斯种羊场等墓地，获得了第一批重要资料，为此后构建新疆古代文化打下了重要基础。

切木尔切克墓地，又名克尔木齐墓地，位于阿勒泰地区。发掘墓葬32座，填补了准噶尔盆地北缘考古空白，以之命名的切木尔切克文化是阿尔泰山南麓首先被确认的青铜时代考古学文化，纠正了多年来关于新疆草原石人仅系隋唐突厥文化遗存的传统观点，将新疆早期草原石人的历史上推到公元前2000年左右。同类型墓葬还见于布尔津博拉提墓地等。

橄榄形石罐

65ALKM7R1

青铜时代（公元前2200—前1500年）

通高18、口径10.8—12厘米

1965年阿勒泰切木尔切克墓地出土

新疆维吾尔自治区文物考古研究所藏

石质，不规则橄榄形，圜底。

陶罐

65ALKM18∶3

晋—唐（公元265—907年）

通高14、口径8.5、底径7.5厘米

1965年阿勒泰切木尔切克墓地出土

新疆维吾尔自治区文物考古研究所藏

　　敞口，尖唇，束颈，鼓腹，平底。颈部及肩腹部饰3组凸弦纹，每组3道，肩腹部2组弦纹间饰一周连续重叠水波纹。

阿拉沟（鱼儿沟）墓地

阿拉沟（鱼儿沟）墓地，位于吐鲁番市托克逊县阿乐惠镇，发掘墓葬85座，为战国时期墓地。出土文物既有富含游牧文化特点的野兽纹黄金制品、祆教青铜祭祀台、木质冥车，又有来自中原大地的漆器、绫纹罗、凤鸟纹刺绣等。

单耳彩陶罐

78WYM66：4
战国（公元前475—前221年）
通高14、口径8.5厘米
1978年乌鲁木齐鱼儿沟墓地出土
新疆维吾尔自治区文物考古研究所藏

　　夹砂褐陶。圆唇，侈口，束颈，鼓腹，圜底，单耳。褐色陶衣，红褐色彩。器口饰倒三角形。上腹和下腹各有一道弦纹，弦纹内填5组倒、正相间的三角形，三角形内填菱形网格纹。每组倒、正三角形的尖部相连并卷曲成顺时针旋涡纹。器耳上饰平行短斜线纹。

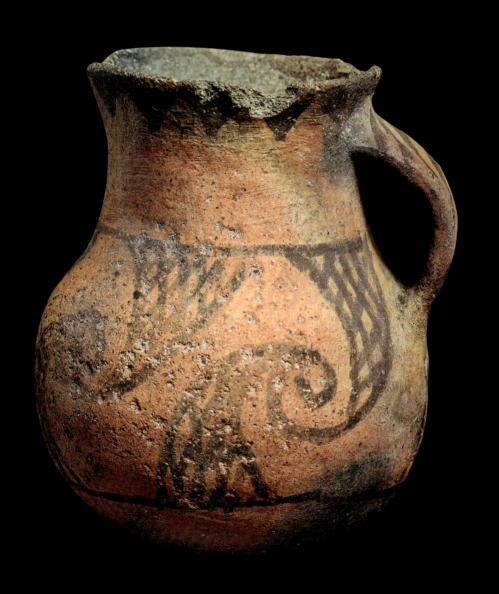

单耳彩陶罐

78WYM67：4
战国（公元前475—前221年）
通高16.5、口径9.1厘米
1978年乌鲁木齐鱼儿沟墓地出土
新疆维吾尔自治区文物考古研究所藏

　　夹砂褐陶。方唇、侈口，微束颈，鼓腹，圆底，单耳。黄褐色陶衣、红褐色彩。口颈部饰竖向条纹，内填横向短线，构成方格纹。腹部饰成组的杉针纹。

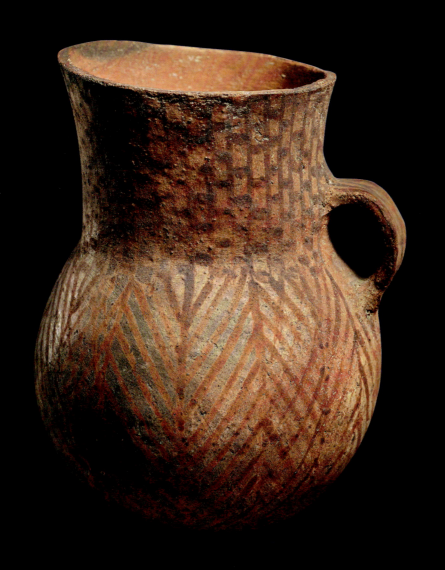

单耳彩陶罐

77WYM37：109

战国（公元前475—前221年）

通高14、口径9、腹径11.7厘米

1977年乌鲁木齐鱼儿沟墓地出土

新疆维吾尔自治区文物考古研究所藏

　　夹砂褐陶。圆唇，侈口，束颈，鼓腹，圜底，单耳。红衣黑彩。口内外饰倒三角形，颈腹部饰正三角形。上腹和下腹各饰一组波浪纹。

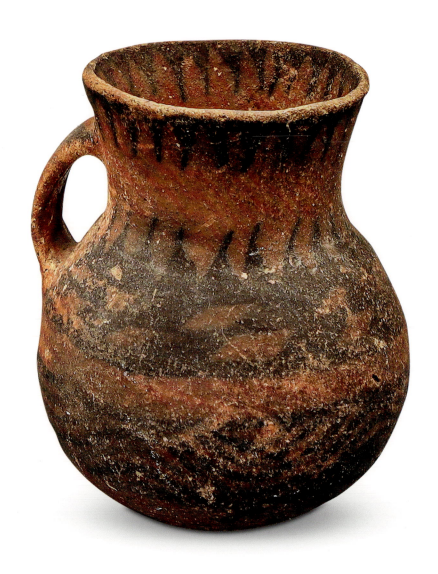

单耳彩陶罐

78WYM3：8

战国（公元前475—前221年）

通高16.5、口径9.1、腹径12.1厘米

1978年乌鲁木齐鱼儿沟墓地出土

新疆维吾尔自治区文物考古研究所藏

　　夹砂褐陶。侈口，方唇，高束颈，鼓腹，圆底，单耳。底部中心处内凹。褐色陶衣，红褐色彩。内口及沿施红褐色彩。器表饰5组上下贯通的树枝纹，2组枝条朝上、3组枝条向下。其中4组间以三角纹。器耳及上下饰以方形网格纹。

单耳彩陶罐

78WYM67：3

战国（公元前475—前221年）

通高14.1、口径8.7、腹径11.6厘米

1978年乌鲁木齐鱼儿沟墓地出土

新疆维吾尔自治区文物考古研究所藏

夹砂褐陶。侈口，圆唇，束颈，鼓腹，圜底，单耳。褐色陶衣，红褐色彩。内口饰红褐色彩。器耳饰方形网格纹，器表由上至下饰5组纹饰，间以弦纹。口外饰一周倒三角纹，三角内涂彩；颈部饰一周菱形网格纹；颈肩处饰一周倒三角纹，三角内涂彩；腹部饰波浪纹；下腹部饰倒三角纹，内填菱形网格纹。器表与器耳相对的一侧有明显的烟炱痕迹。

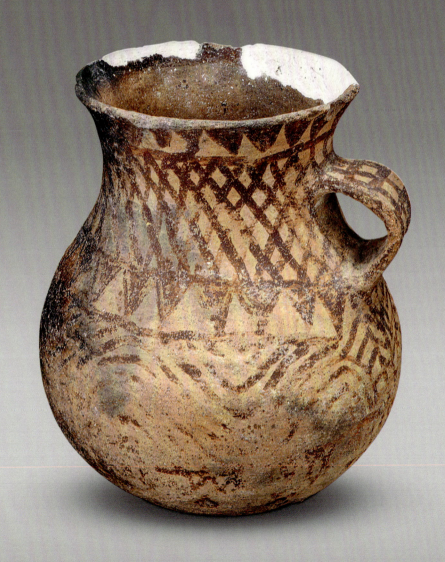

钻木取火器

77WYM36：16

战国（公元前475—前221年）

通长21.5、宽2.5厘米

1977年乌鲁木齐鱼儿沟墓地出土

新疆维吾尔自治区文物考古研究所藏

　　长条形，中部弯曲。器身内弧的侧边削制出8个锯齿状引火槽，均已施钻，留有钻孔。器身中部有便于携带或固定的横向穿孔。钻孔均较深，孔径差别明显，显然不是同一根钻杆所留。

钻木取火器

77WYM36：15

战国（公元前475—前221年）

通长21、宽2.3厘米

1977年乌鲁木齐鱼儿沟墓地出土

新疆维吾尔自治区文物考古研究所藏

　　长条形，中部略弧。器身两侧边削制出锯齿状引火槽，内弧一侧11个，外侧面17个。其中外侧面引火槽有10个已施钻。器身中部有便于携带或固定的横向穿孔。

钻木取火器

78WYM71：35

战国（公元前475—前221年）

通长16.5、宽2.5厘米

1978年乌鲁木齐鱼儿沟墓地出土

新疆维吾尔自治区文物考古研究所藏

　　大致呈长条形，器身一面钻2列预制孔，孔近侧边，分别有12孔和11孔。其中11孔的侧面削制出锯齿状引火槽，上部3孔已施钻。器身中部有便于携带或固定的横向穿孔。

贰

绿洲文化的展开

新中国成立以后，在新疆吐鲁番阿斯塔那—哈拉和卓等墓地的持续考古，出土大批文物和文书，使吐鲁番地区历史时期文化面貌得以逐渐清晰地呈现出来。

南疆地区罗布泊、米兰、和田的城址和墓葬，北疆地区北庭佛寺也在这一时期展开工作。与此前西方探险家不同，新疆考古工作的视角悄然发生转变，对历史的认识逐步丰满起来。

古墓沟墓地，是罗布泊地区一处青铜时代公共墓地。发掘墓葬42座，部分墓葬在地表以墓室为中心，由内向外环绕七圈椭圆形列木和七排散射状立木，形若光芒万丈的"太阳"，极为壮观，故称"太阳墓"。

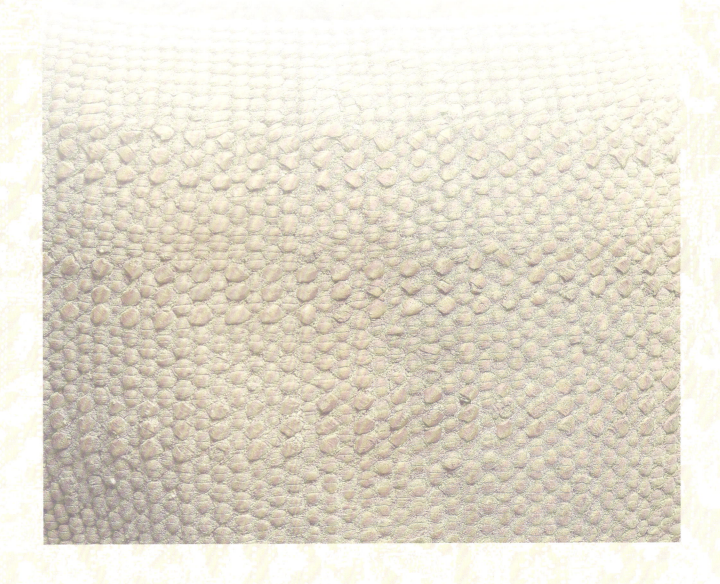

毡带

79LQ2M38∶11
青铜时代（公元前1800—前1500年）
长50、宽10厘米
1979年尉犁孔雀河古墓沟墓地出土
新疆维吾尔自治区文物考古研究所藏

　　姜黄色，长条形毡带，毡面平整。两端呈尖圆流线型，并缝有粗毛条编结之系带。取同色毛绳，两股彼此编结成直径0.7厘米的绳带，一端缝纳于毡内。

毛布残片

79LQ2M42：5
青铜时代（公元前1800—前1500年）
残长28.5、残宽23厘米
1979年尉犁孔雀河古墓沟墓地出土
新疆维吾尔自治区文物考古研究所藏

　　毛毡帽残边深褐色。自额际至下颏沿边用棕红色毛线锁边。左右颊下有辫形系带。左耳根处插5根小木杆（已残），估计小木杆上曾捆扎羽毛，用于装饰。

草篓

79LQ2M2：1
青铜时代（公元前1800—前1500年）
通高12厘米
1979年尉犁孔雀河古墓沟墓地出土
新疆维吾尔自治区文物考古研究所藏

　　置于婴儿头侧。内盛小麦十多粒，兽骨一小截。口部穿毛质提绳，上覆深褐色毛布。

草编簸箕

79LQ2M12：6
青铜时代（公元前1800—前1500年）
长30、最宽25厘米
1979年尉犁孔雀河古墓沟墓地出土
新疆维吾尔自治区文物考古研究所藏

　　利用莎草类植物的茎编结成器。经、纬材料平纹相交，只是残朽过甚，完整形制已难明。出土时覆盖于棺材上部，似非随意处置。

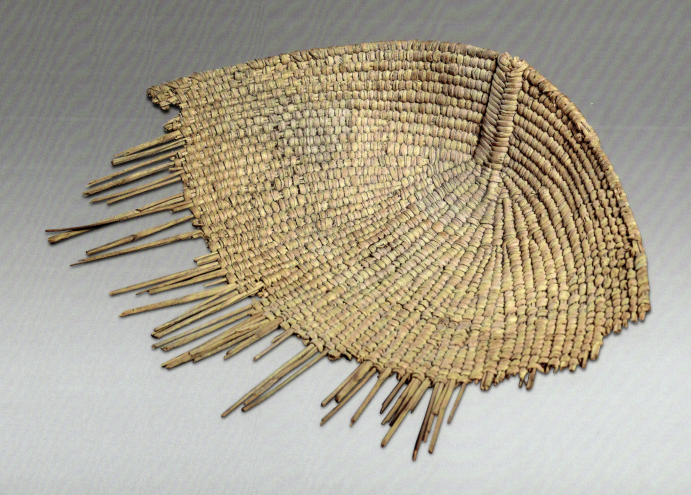

骨珠

79LQ2M20：7

青铜时代（公元前1800—前1500年）

通长20厘米

1979年尉犁孔雀河古墓沟墓地出土

新疆维吾尔自治区文物考古研究所藏

　　骨珠项链。见于女尸颈部。以禽类肢骨切
割、打磨。珠体近圆形，大小近同。总计数量达
945颗。

骨珠

79LQ2M10：1

青铜时代（公元前1800—前1500年）

最宽2.7厘米

1979年尉犁孔雀河古墓沟墓地出土

新疆维吾尔自治区文物考古研究所藏

　　骨质串珠。出土于右手腕部。以禽类管骨为原
料，切割、打磨成圆珠形。共见767颗。

骨别针

79LQ2M28：5

青铜时代（公元前1800—前1500年）

通长12.9厘米

1979年尉犁孔雀河古墓沟墓地出土

新疆维吾尔自治区文物考古研究所藏

　　锥体由粗至细，端部纺锤状，比例适度、美观大方。

骨别针

79LQ2M42：3

青铜时代（公元前1800—前1500年）

通长9.8厘米

1979年尉犁孔雀河古墓沟墓地出土

新疆维吾尔自治区文物考古研究所藏

　　端部圆饼形，锥体尖锐，加工较粗。

骨别针

79LQ2M10：3

青铜时代（公元前1800—前1500年）

通长10.5厘米

1979年尉犁孔雀河古墓沟墓地出土

新疆维吾尔自治区文物考古研究所藏

　　端部纺锤形，用于缀联包尸之毛毯。

阿斯塔那—哈拉和卓古墓群，位于吐鲁番高昌故城以北约5千米，占地约10平方千米，是3—8世纪高昌城官民的公共墓地。清理墓葬400多座，出土文物上万件，是新疆发掘晋唐墓葬数量和出土文物最多的遗存。墓葬形制、聚族而葬的丧葬方式与河西乃至中原一脉相承，出土的2700余件文书是高昌历史的"活档案"。阿斯塔那古墓群2021年入选中国"百年百大考古发现"。

阿斯塔那—哈拉和卓古墓群

胡人俑

75TKM99：4

十六国（公元304—439年）

通高22.6厘米

1975年吐鲁番哈拉和卓墓地出土

新疆维吾尔自治区文物考古研究所藏

原木削刻成型，身体为整块雕刻，双臂另装，可活动，手掌钻有孔。头戴装饰红边饰的白毡帽，面阔鼻宽，络腮胡。雕刻出的五官分别用黑色绘眉、眼，红色涂唇。上身着下摆镶黑缘短衣，下身穿红长裤，裤脚下露出黑鞋头。出土时其两手前举，胡人形象明显。

官雕刻精
褥，穿黑红双色绸裙。出土时双手前举。

女俑

75TKM99：14
十六国（公元304—439年）
通高19.8、宽8.7、厚6.7厘米
1975年吐鲁番哈拉和卓墓地出土
新疆维吾尔自治区文物考古研究所藏

　　原木削刻成型。头身一体，双臂另装。面部五
官雕刻精致，双眼、口、鼻（刻出鼻孔）清晰。描
双眉、眼睛，涂黑发，双颊涂红彩。着红交领白短
褥，穿黑红双色绸裙。出土时双手前举。

彩绘陶罐

64TKM5：10

麴氏高昌延昌三十二年（公元592年）

通高17.7、口径9.3、底径8.2厘米

1964年吐鲁番哈拉和卓墓地M5出土

新疆维吾尔自治区文物考古研究所藏

　　器表通体绘黑彩，再用白圆点、红竖条纹和曲
线条纹绘成莲纹图案。在罐腹中部绘一圈白圆点，
圆点上下分别绘五或六瓣大小略同的莲花瓣，形成
上下相对的仰覆莲纹样。据同墓出土《高昌和婆居
罗等田租薄》文书，此墓年代可能为麴氏高昌延昌
三十二年（公元592年）。

车轮

75TKM98：13

十六国（公元304—439年）

轮径23、轴残长23厘米

1975年吐鲁番哈拉和卓墓地出土

新疆维吾尔自治区文物考古研究所藏

　　木质。残存车毂、车轴和车轮的大部，车辐存9根。削、锯而成。车轮、毂表面涂黑。

奁盖

75TKM92：2
麴氏高昌（公元502—640年）
高3、直径7.5厘米
1975年吐鲁番哈拉和卓墓地出土
新疆维吾尔自治区文物考古研究所藏

　　原木旋制，木胎施彩。圆形，母口，攒尖顶，口微敛。盖周身呈暗红地，上有4个深绿三角纹，三角纹内有黄网格纹。盖面中心为四出花草图案，其间也绘有花草图案。盖壁绘连续细叶纹。

木俑

十六国—唐（公元304—907年）
残高11.5—12.3、最宽4.5—4.9厘米
吐鲁番阿斯塔那—哈拉和卓古墓群出土
新疆维吾尔自治区文物考古研究所藏

　　共3件。木质，只见半身。其中2件双手屈置胸前，手握有孔，着圆领长袖蓝色袍服。另外1件右臂屈置胸前，左手握于腹部，身着圆领橘红色袍服。

彩绘木马腿

73TAM206：21
唐贞观八年—永昌元年（公元634—689年）
长15—16.5、粗约5.6厘米
1973年吐鲁番阿斯塔那墓地张雄夫妇合葬墓出土
新疆维吾尔自治区文物考古研究所藏

近圆柱形，原木雕刻，外表用黑、橘红、咖
色绘出竖向宽带彩。一端削出一斜面。

此件文物出自张雄夫妇合葬墓，张雄（584—
633），字太欢，祖籍河南南阳，为麹氏高昌国左
卫大将军。夫人麹氏（607—689）为高昌王族，
离世后被唐朝政府诏封"永安太郡君"，以表彰
张家两代人对国家的贡献。

木羊

73TAM501：35

武周延载元年（公元694年）

身长3.4、高2.6厘米

1973年吐鲁番阿斯塔那墓地张怀寂墓出土

新疆维吾尔自治区文物考古研究所藏

　　用一整块木削制而成。羊呈站立姿态，面朝前，四足笔挺。墨绘出双耳、眉、目、鼻、嘴。

　　此件文物出自张怀寂墓，张怀寂（632—693），字德璋，麹氏高昌国左卫大将军张雄次子，历官本州行参军、甘州张掖县令、武威军子总管等。长寿元年（692年）九月，从武威军总管王孝杰参与讨伐吐蕃，收复安西四镇的战役。因功授"中散大夫、兴茂州都督府司马"。

木禽

唐西州时期（公元640—791年）

身长3.6—4.5、高0.8—1.4厘米

吐鲁番阿斯塔那墓地出土

新疆维吾尔自治区文物考古研究所藏

　　共2只，均用一整块木削制而成。其中一只呈回首姿态，切割出一侧羽翼，墨绘眼、鼻、羽毛。长条形鸟尾。另一只身体中部刻出长方形凹槽。头、尾部涂黑，墨绘羽毛。尖状鸟喙，尾巴较扁平。尾部残缺。

木禽

唐西州时期（公元640—791年）

身长6、高1.4厘米

吐鲁番阿斯塔那墓地出土

新疆维吾尔自治区文物考古研究所藏

　　用一整块木削制而成。呈飞翔姿态，墨绘出眼、嘴、羽毛，尖状鸟喙，鸟尾扁平。头部、颈部有涂红，部分脱落。

木禽

唐西州时期（公元640—791年）
身长约4、高约1.2厘米
吐鲁番阿斯塔那墓地出土
新疆维吾尔自治区文物考古研究所藏

　　用一整块木削制而成。头顶削出扁平状棱，似冠，部分缺失。墨绘眼、鼻、羽毛。冠部、眼周、腹部涂红，身体下端涂黑。尾部缺失。

木禽

唐西州时期（公元640—791年）
身长4.1—5.4、高0.7—0.9厘米
吐鲁番阿斯塔那墓地出土
新疆维吾尔自治区文物考古研究所藏

　　共3只，均用一整块木削制而成。形制相似，身体粗圆，鸟尾扁平，尖状鸟喙。

木猪

唐西州时期（公元640—791年）
身长6.5、高3.4厘米
吐鲁番阿斯塔那墓地出土
新疆维吾尔自治区文物考古研究所藏

　　用一整块木削制而成。呈站立姿态，面朝前。墨绘眼部、鬃毛。

木狼

唐西州时期（公元640—791年）
身长5.5、高5.4厘米
吐鲁番阿斯塔那墓地出土
新疆维吾尔自治区文物考古研究所藏

　　站姿，面朝前。一肢缺失。墨绘耳、眼、鼻、嘴、毛等。尾部卷曲下垂。

木帽饰

唐西州时期（公元640—791年）
直径5.4—6、高约3.2厘米
吐鲁番阿斯塔那墓地出土
新疆维吾尔自治区文物考古研究所藏

　　共5件。均为高顶帽。宽檐，外施黑彩。其中2件帽顶用白色绘出似植物纹图案。

木猪

75TKM71：15
唐西州时期（公元640—791年）
身长13.8、高7.4厘米
1975年吐鲁番哈拉和卓墓地出土
新疆维吾尔自治区文物考古研究所藏

　　半成品。尾部为锯断的茬口，墨线清晰可见。
四足蜷缩，呈伏卧状。腹部穿孔中残留一段麻绳。

木鸭

64TKM2：21
唐西州时期（公元 640—791 年）
身长11.2、高5.2厘米
1964年吐鲁番哈拉和卓墓地出土
新疆维吾尔自治区文物考古研究所藏

　　由头和身两部分组合而成。制作方式是用木头雕刻成鸭的躯体，然后在其上挖一长方形凹槽，将雕刻成的鸭子头部镶嵌进去。在鸭子身体的一侧嵌入一根圆木棍，其用途可能是将此鸭插在其他物体之上或者是为了便于手拿。鸭身通体施红彩，用白色绘六组折线表示羽毛。鸭伸长喙，脖子后伸，显得安然自得。

镇墓兽

75TKM102：9
唐西州时期（公元640—791年）
通长34、高27.8厘米
1975年吐鲁番哈拉和卓墓地出土
新疆维吾尔自治区文物考古研究所藏

　　人首，身饰虎纹。蹲坐，头部为武士装束，头戴胄缋，浓眉高鼻，双目圆睁，嘴微张，嘴角处虎牙外呲，口唇上下有胡须。胸前和腹部在粉红地上绘红圆点。背部和四肢涂黄彩，绘黑圆圈。前腿直立（无蹄，肢端的木棍插入地面）。

镇墓兽

75TKM102：1
唐西州时期（公元640—791年）
通长33.3、高29.2厘米
1975年吐鲁番哈拉和卓墓地出土
新疆维吾尔自治区文物考古研究所藏

　　狮首兽身，仰头向上，双目圆睁，张口，下颌处有胡须。肩披鬃毛，身绘虎纹，呈蹲踞式，前腿直立（无蹄，肢端为插入土中的木棍），后腿蹲坐，有尾（缺失）。草木扎胎，表面涂泥。分头、腹、四肢、背部，用白、粉、红、黑、绿、黄、黑彩绘狮纹和虎纹。稍残，有裂隙。

骆驼俑

75TKM102：2
唐西州时期（公元640—791年）
通长37、高32厘米
1975年吐鲁番哈拉和卓墓地出土
新疆维吾尔自治区文物考古研究所藏

　　呈站立状。背脊上的两峰间以土色显示驮载物。下腹绘有捆勒货物用的黑肚带。驼峰、颈部、头顶、胸前和四肢均有黑毛。身体的其他部分为紫色。左后肢有蹄，其余三肢无蹄，肢端各为木棍，用来插入土中。

马俑

十六国—唐（公元304—907年）
通高28、身长28厘米
吐鲁番阿斯塔那—哈拉和卓古墓群出土
新疆维吾尔自治区文物考古研究所藏

　　马呈站立状。颈部自然前伸，目视前方，身体施黑釉，乳白色马鞍，其上见红褐色近圆形斑点作为装饰图案。从造型上看，膘肥体壮，骨肉均匀，以西域引进的良马为原型，表现出其艺术个性。

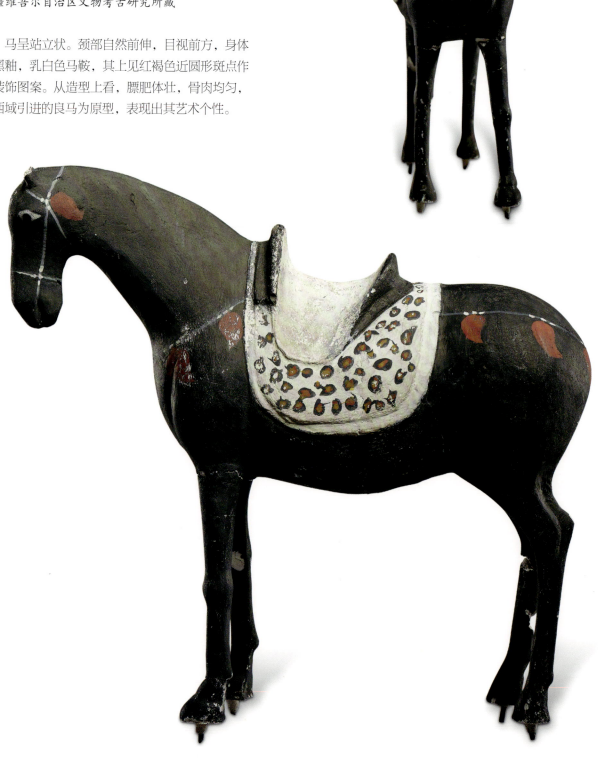

"代人"木牌

75TKM97：3

北凉（公元397—460年）

通长20、最宽2.7厘米

1975年吐鲁番哈拉和卓墓地出土

新疆维吾尔自治区文物考古研究所藏

　　木片削制，两头尖，中间宽。木牌大头削出肩、颈。牌上墨线绘出具男性特征（胡须）的五官。以下书汉字"代人"二字。再下面为相互交叉的两划。

武士俑

75TKM102 : 10

唐西州时期（公元640—791年）

通高27.2厘米

1975年吐鲁番哈拉和卓墓地出土

新疆维吾尔自治区文物考古研究所藏

　　头戴铠甲纹尖顶兜鍪，额前有冲角。着铠甲纹半袖袍服，护肩和袍服下摆为棕色，系腰带。双肘下露出橘红色窄袖，双手相拱作持物状，掌心有孔，原持物不存。足蹬尖头高腰靴。

文吏俑

75TKM102：17

唐西州时期（公元640—791年）

通高30厘米

1975年吐鲁番哈拉和卓墓地出土

新疆维吾尔自治区文物考古研究所藏

　　出土于墓道右龛。着灰圆领窄袖袍服，袍长至脚面。腰系带，带上系囊。足蹬尖头履。颈、臂、胸、腹、手部有裂痕。

文吏俑

75TKM102：7

唐西州时期（公元640—791年）

通高32厘米

1975年吐鲁番哈拉和卓墓地出土

新疆维吾尔自治区文物考古研究所藏

　　右臂屈置胸前，手握有孔。左手握于腹部。着圆领长袖浅黄袍服，袍服长至脚面。系黑腰带，腰带上系黑囊。蹬尖头履。颈、腰、腹部有裂痕。

文官俑

73TAM206：24（2）

唐贞观八年—永昌元年（公元634—689年）

通高14.7厘米

1973年吐鲁番阿斯塔那墓地张雄夫妇合葬墓出土

新疆维吾尔自治区文物考古研究所藏

面部清秀，身穿蓝色V形领长袍，双手拢袖于胸前。

泥俑

73TAM191：55
唐西州时期（公元640—791年）
通高18.2厘米
1973年吐鲁番阿斯塔那墓地出土
新疆维吾尔自治区文物考古研究所藏

　　该俑为彩绘泥塑，表现的是一位盘腿而坐休憩的侍女形象。头梳高髻，身着绿色襦衣和红色长裙。双手自然垂放于膝盖上，脸型消瘦，身形单薄。头和身体略弯向左侧，将人物的疲惫神情塑造得十分传神。

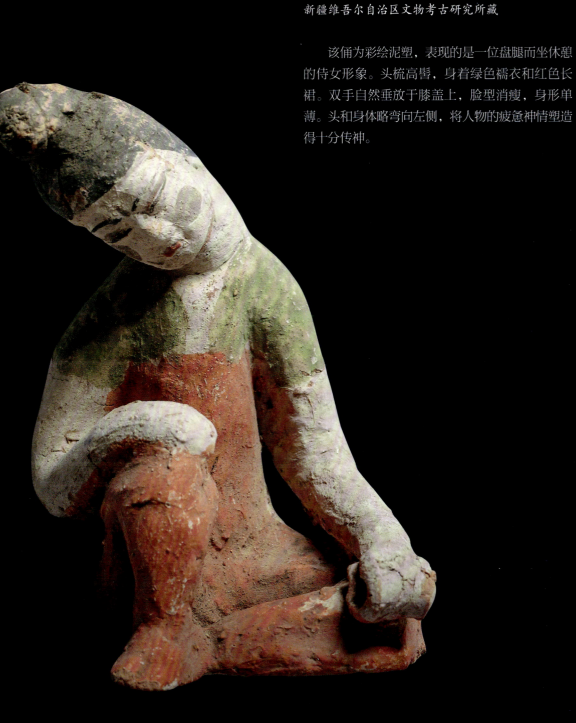

房屋

73TAM206：71
唐贞观八年—永昌元年（公元634—689年）
通高19.7、宽18、进深9厘米
1973年吐鲁番阿斯塔那墓地张雄夫妇合葬墓出土
新疆维吾尔自治区文物考古研究所藏

木质，单间房屋，两面坡屋顶。

兰绮明器

73TAM501：79（1）
武周延载元年（公元694年）
木架长13.7、高10.9厘米
1973年吐鲁番阿斯塔那墓地张怀寂墓出土
新疆维吾尔自治区文物考古研究所藏

　　木质，兵器架，兵栏有底座，栏杆上开孔，兵
器依次摆放，两端均涂黑。

木髻

73TAM531 : 1

唐西州时期（公元640—791年）

通高28.8、宽21厘米

1973年吐鲁番阿斯塔那墓地出土

新疆维吾尔自治区文物考古研究所藏

冠饰，黑底白彩，两面绘祥云纹。

俑手

73TAM206∶1

唐贞观八年—永昌元年（公元634—689年）

单件残长9—10厘米

1973年吐鲁番阿斯塔那墓地张雄夫妇合葬墓出土

新疆维吾尔自治区文物考古研究所藏

木质，俑手，臂部涂彩。

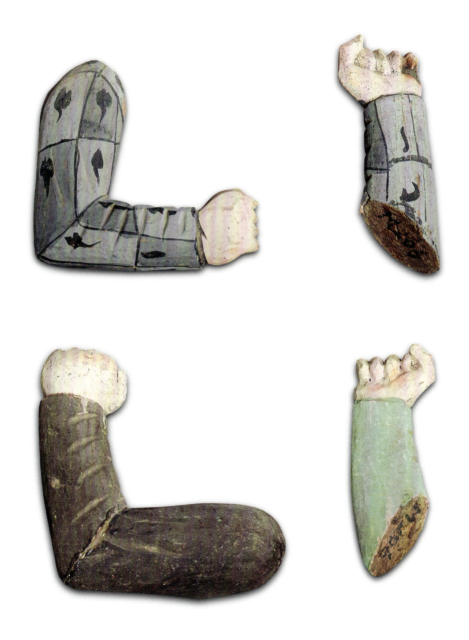

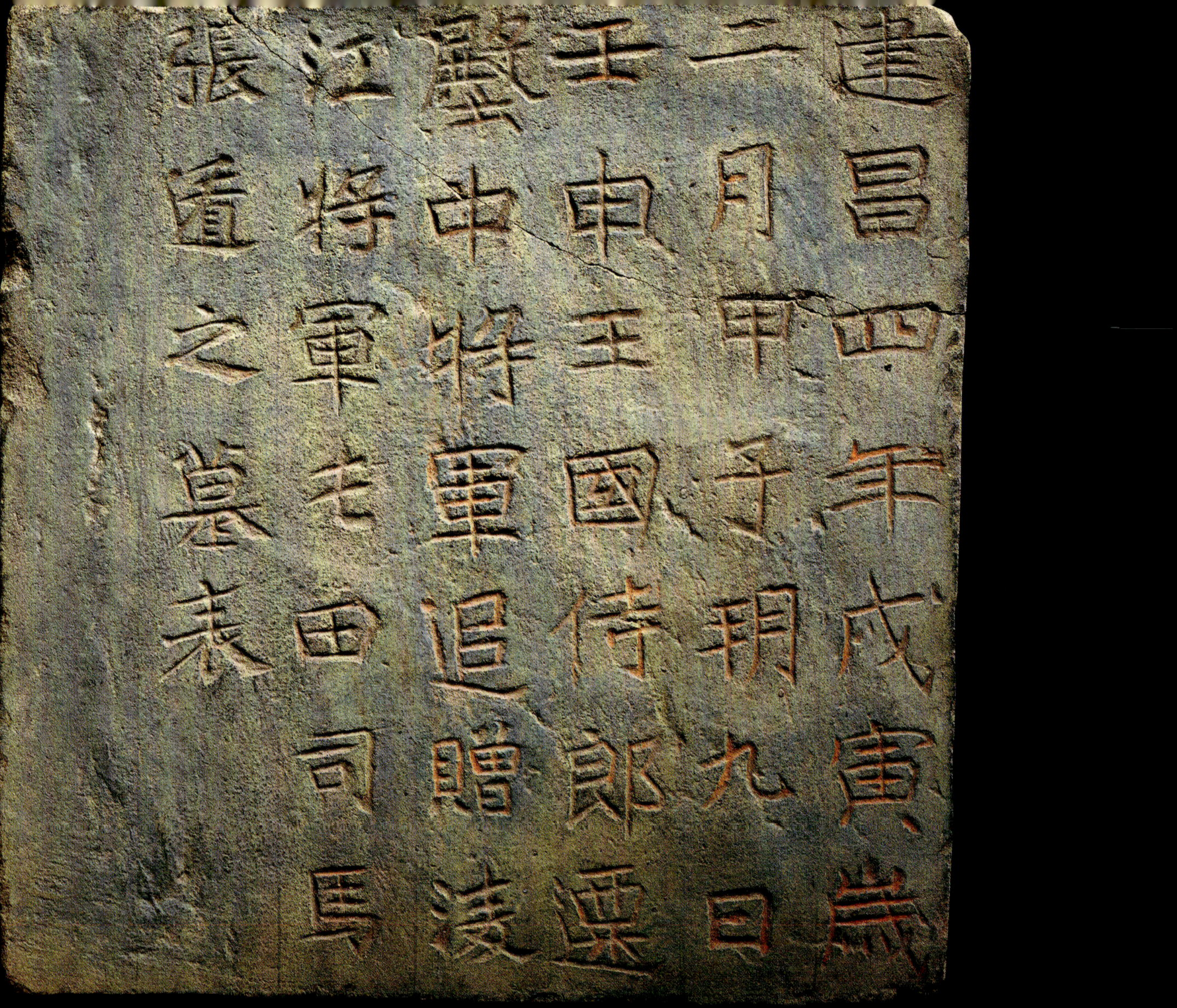

建昌四年歲在戊寅歲
一月甲午朔九日
壬申王國侍郎栗
壓中中將軍追贈凌
江將軍故田司馬
張遺之墓表

彩绘木俑腿

73TAM206②
唐贞观八年—永昌元年（公元634—689年）
长20.2、宽5.5—8、厚6.5厘米
1973年吐鲁番阿斯塔那墓地张雄夫妇合葬墓出土
新疆维吾尔自治区文物考古研究所藏

　　木质，俑腿，两侧白底彩绘祥云、树木、鸟雀
纹，寓意吉祥。

牛车

75TKM96：11

十六国（公元304—439年）

牛身长27.9、体宽8.4、通高17.6厘米；

车通长52、宽34.4、高28厘米

1975年吐鲁番哈拉和卓墓地出土

新疆维吾尔自治区文物考古研究所藏

　　牛、车两件为一组。牛身用整木雕刻而成，再装配其余部分。头、四肢装配后，用泥填平，抹光接缝。全身涂黑。木削牛角插在头顶，泥捏的牛耳贴在角后，牛尾削好插入臀尖部。牛的解剖结构合理，右面两腿略向前迈出，四蹄稳着地面。车用木、竹材料制作。双辕，辕杆前端系车轭。舆厢呈长方体，开有前、后门，车厢两侧三分之二高度为木板，板面墨绘花纹。以上三分之一部分为竹条绷制的通风车顶。车辋圆形，车毂伸出，每轮有12根辐条。是模仿实用牛车做成的冥车。

　　探索古代文明谱系是中国考古学的一项基本内容。20世纪80年代以来，随着考古工作陆续展开，新疆地区古代文化的脉络逐渐清晰，中华文明新疆篇章的内容日益丰富。

　　天山南北，彩陶之路，展现了先秦时代新疆与中原地区的血脉联系。大漠深处、火焰山下，锦绣华服、古墨灿然，彰显了古代先民对中华文化的深厚认同。

　　四方民人齐致力，汉文胡语共述作。古代先民遗物、遗迹的发现，见证了不同人群共同聚居，互鉴互学，共同开发新疆的不懈努力。

　　与域外物质、文化的交流和本土化再创造，拓展了对丝绸之路的认识，体现出中华民族兼容并包、博采众长的宽广胸襟。

第三部分

规模渐具开阔阔

壹

新疆古代文化
谱系的探索

持续探寻新疆古代早期文化在本阶段取得了令人瞩目的成绩。天山北路文化、焉不拉克文化、苏贝希（洋海）文化、察吾呼文化、小河文化等考古学文化陆续提出，表明对新疆古代文化的认识正在形成系统，进入了建立考古学谱系的重要阶段。

对哈密地区、吐鲁番地区早期遗存的发掘，为探寻新疆史前时代与中原、河西地区的密切联系提供了重要线索。伊犁河流域等北疆地区的考古发现，也促使人们以更宏观的视野观察区域文化之间的深层次联系。

小河墓地、克里雅北方墓地和居址等青铜时代遗存，以及圆沙古城的发现与发掘，为研究塔里木盆地早期人类提供了重要资料。多学科合作将学术研究引向深入，人们开始关注一些此前未关注的课题。

天山北路文化，又称林雅文化，是以哈密天山北路墓地命名的考古学文化，主要分布于天山以南的哈密盆地，包括萨伊吐尔墓地，主体年代为约公元前2000—前1500年。流行长方形竖穴土坑和竖穴土坯墓，以单人侧身屈肢葬为主，随葬陶器与河西地区关系密切，铜器种类丰富。是源于黄河流域的彩陶文化和当地文化交汇而成的地方性文化类型。

双耳彩陶罐

97HTBT1215
青铜时代（公元前2100—前1500年）
通高17.8、口径9、底径7.5厘米
1997年哈密天山北路墓地出土
新疆维吾尔自治区文物考古研究所藏

　　泥质红陶，手制，圆唇，敞口，折腹，小平底，双耳。通体饰红地黑彩，口沿内外小菱格纹，腹部饰连续的大菱格纹。

双系彩陶罐

93HTB：采33

青铜时代（公元前2100—前1500年）

通高18、口径12.4、底径9.6厘米

1993年哈密天山北路墓地采集

新疆维吾尔自治区文物考古研究所藏

　　夹砂褐陶。方唇，敛口，垂腹，平底。颈部有双系。红衣黑彩。颈部及下腹部各绘一周弦纹，将器表纹饰分成3个区域。口颈部绘成组正倒相间的三角纹；上腹部绘10道水波纹；下腹部绘成组正倒相间的三角纹。

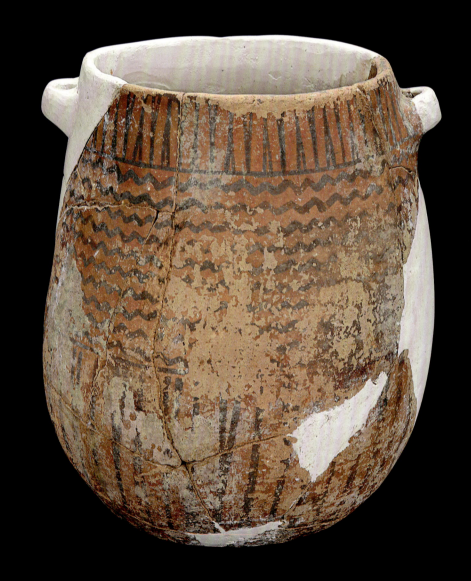

双系彩陶罐

93HTB：临1

青铜时代（公元前2100—前1500年）

通高14.2、口径11.4、底径7厘米

1993年哈密天山北路墓地出土

新疆维吾尔自治区文物考古研究所藏

　　泥质红陶，带双系，方唇，敛口，平底，红衣黑彩，连续的竖条纹。

铜手镯

93HTBM397：4
青铜时代（公元前2100—前1500年）
直径6.8厘米
1993年哈密天山北路墓地出土
新疆维吾尔自治区文物考古研究所藏

铸制，环形。

铜镜

93HTBM400：6
青铜时代（公元前2100—前1500年）
直径7.2厘米
1993年哈密天山北路墓地出土
新疆维吾尔自治区文物考古研究所藏

圆形，镜面平，背素面，具纽。

焉不拉克文化，是以哈密三堡乡焉不拉克墓地命名的考古学文化，在东天山南部广泛分布，包括五堡、艾克斯霞尔、艾克斯霞尔南等墓地。年代从公元前1300年延续至公元前200年，主体继承天山北路文化，同时又受到同时期甘青和北方草原文化因素的影响。与该文化相关的遗存还有哈密黑沟梁墓地、石人子沟遗址等。

彩绘木桶

86HWM69：12

青铜时代（公元前1300—前800年）

通高18.2、口径15、底径15.2厘米

1986年哈密五堡墓地出土

新疆维吾尔自治区文物考古研究所藏

　　筒形。桶身和底分制。桶身用木柱挖空制成，方唇，直腹。桶底用小木板削制，圆形。桶身和底用小木钉进行固定。口部钻2孔，保留有小草绳，为方便提携、提挂的绳索。器身上半部绘10组倒三角纹，内填菱形网格纹。

毛线

86HWM44：2
青铜时代（公元前1300—前800年）
直径4厘米
1986年哈密五堡墓地出土
新疆维吾尔自治区文物考古研究所藏

红色毛线，缠绕成团。

骨勺

86HWM56：1
青铜时代（公元前1300—前800年）
通长10、勺宽1.8厘米
1986年哈密五堡墓地出土
新疆维吾尔自治区文物考古研究所藏

　　兽骨磨制而成。勺池较浅，呈铲状。柄稍曲，两边切削出亚腰形凸起，柄端有一穿孔。

头饰

86HWM55：9

青铜时代（公元前1300—前800年）

残长55、通宽25厘米

1986年哈密五堡墓地出土

新疆维吾尔自治区文物考古研究所藏

　　由头带及带下缘栓结的璎穗两部分构成。头带用十余股原白色毛线相并，用大红色并股毛线绣缝固定，形成白地红色之字纹。在头带下缘红色毛线端部，逐个拴结大红色毛线璎穗装饰。

方格纹毛织物

78HWM16

青铜时代（公元前1300—前800年）

残长62、残宽32厘米

1978年哈密五堡墓地出土

新疆维吾尔自治区文物考古研究所藏

　　由两块同样的毛布拼缝，毛布由棕、白、深蓝、浅蓝、粉等五色经、纬线以二二斜纹组织交织，在棕地上形成满铺细条长方格纹。毛布一侧边缘镶缝棕色斜编窄绦作为装饰。

铜饰

94HJM：临1

西汉（公元前206—公元25年）

直径5.4厘米

1994年哈密黑沟梁墓地出土

新疆维吾尔自治区文物考古研究所藏

圆形，风火轮状，中心有圆孔。

具柄铜镜

94HYJHIM52：23

西汉（公元前206—公元25年）

通长8，镜面直径5.7厘米

1994年哈密黑沟梁墓地出土

新疆维吾尔自治区文物考古研究所藏

素面具柄镜，柄部有孔。

具柄铜镜

94HYJHIM20：1

西汉（公元前206—公元25年）

通长8，镜面直径6.5厘米

1994年哈密黑沟梁墓地出土

新疆维吾尔自治区文物考古研究所藏

素面具柄镜。

苏贝希（洋海）文化，年代从约公元前1000年延续至公元元年前后，广泛分布于博格达山南北两侧的考古学文化。包括鄯善苏贝希、洋海，吐鲁番巴达木，乌鲁木齐柴窝堡、阿拉沟（鱼儿沟），阜康白杨河，交河沟西和沟北等墓地。发达的彩陶文化可能是在哈密盆地彩陶文化西传的基础上，同时又接纳了其他文化因素而发展起来的地方性考古文化。

双系彩陶罐

2009TBM3∶1
春秋（公元前770—前476年）
通高29.2、口径11.6、底径10.3厘米
2009年吐鲁番巴达木墓地出土
新疆维吾尔自治区文物考古研究所藏

　　夹砂红陶。侈口、圆沿、高领、束颈、鼓腹、平底。口沿内外绘有变形的黑色倒三角纹，颈部有一宽带耳，表面绘火焰纹，腹部绘11组火焰纹，两侧各有一系耳，表面绘短线纹。

彩陶杯

2003SAY Ⅱ M38：2
青铜时代（公元前1300—前800年）
高6.7，口径9.3厘米
2003年鄯善洋海墓地出土
吐鲁番博物馆藏

　　夹细砂红陶，手制，红衣黑彩。直腹，平底，
口沿上为品形耳。耳边及口沿内外均饰倒三角纹。

彩陶杯

2003SAY Ⅱ M128∶2
青铜时代（公元前1300—前800年）
高7.8，口径11.7厘米
2003年鄯善洋海墓地出土
吐鲁番博物馆藏

　　夹细砂红陶，手制，红衣黑彩。口微敞，直腹，平底，口沿上为品形耳。耳边及口沿均饰黑彩，口沿内饰倒三角纹，沿外及腹部饰三角纹。

盆（内置羊肉）

2003SAYⅡM65∶6

青铜时代（公元前1300—前800年）

高6.3，口径26.5厘米

2003年鄯善洋海墓地出土

吐鲁番博物馆藏

用圆木刨挖成圆形木盆，内放动物骨骼。

彩陶杯

88SAYM30∶1

青铜时代（公元前1300—前800年）

通高15、口径13.4、底径12.5厘米

1988年鄯善洋海墓地出土

新疆维吾尔自治区文物考古研究所藏

　　夹细砂红陶，手制，红衣黑彩。口微敞，直腹，平底。口沿上为品形耳，耳边及口沿均饰黑彩，口沿内饰倒三角纹，沿外及腹部饰三角纹。

单耳彩陶杯

青铜时代（公元前1300—前800年）
通高8.5、口径7.4厘米
鄯善洋海墓地出土
新疆维吾尔自治区文物考古研究所藏

　　夹细砂红陶，手制，红衣黑彩。敞口，口带流，束颈，鼓腹，平底，单耳上有一乳突。口沿内饰倒三角纹，器表饰大三角纹。

具柄铜镜

91WCM1A：1
战国前后（公元前5—前3世纪）
镜面直径7.7、柄长3.3厘米
1991年乌鲁木齐柴窝堡墓地出土
新疆维吾尔自治区文物考古研究所藏

　　镜面圆形，具柄，柄中部镂空，柄端发现残留皮条痕迹。

察吾呼文化，以和静察吾呼古墓群命名的考古学文化，年代为公元前1200—前200年，广泛分布于塔里木盆地北沿，包括和静莫呼查汗一号墓地、轮台群巴克墓地、拜城克孜尔水库墓地等，和硕红山墓群也有属于该文化的墓葬。器物以单耳带流陶器最具特色，彩陶发达，常见分区布局的几何纹样，是东天山彩陶文化与当地文化交汇而成的地方性考古文化，同时又吸收了北方草原文化的某些因素。

单耳彩陶罐

83HJC I M4：1

春秋战国（公元前770—前221年）

通高16.3、口径9.3、底径5.1厘米

1983年和静察吾呼一号墓地出土

新疆维吾尔自治区文物考古研究所藏

　　泥质红陶夹云母粉，尖唇，喇叭口。耳下有一圈凸弦纹，上饰锥刺纹，纹上饰彩。以耳为基准，4条竖细堆刺纹与下圈垂直相连，将彩分为相等的四个部分，对应的两部分纹饰相同，一种是方格内填相间的井字纹和圆点，另一种为相间的横竖双短纹，区域之间由花边图案间隔。

单耳带流彩陶罐

86HJC Ⅱ M207：6
青铜时代（公元前1200—前800年）
通高15.6、口径10.4—12.2、底径7.9厘米
1986年和静察吾乎二号墓地出土
新疆维吾尔自治区文物考古研究所藏

　　夹云母红陶，圆唇，圆柱耳，流嘴微残，后经打磨平整。颈部饰一周雷纹，在耳边断开，其他部分及内沿涂红彩，靠流嘴一侧有烟炱。

单耳带流彩陶罐

87HJCⅣM77：2
青铜时代（公元前1200—前800年）
通高13.8、口径9—12.2、底径6.2厘米
1987年和静察吾乎四号墓地出土
新疆维吾尔自治区文物考古研究所藏

　　夹云母红陶，圆唇，大扁方耳。颈部饰一圈波
状重叠三角折线纹，其余部分及口内沿涂彩衣。

单耳带流彩陶罐

88HJCⅠM302：4

青铜时代（公元前1200—前800年）

通高12.2、口径8—11.8、底径5.4厘米

1988年和静察吾乎一号墓地出土

新疆维吾尔自治区文物考古研究所藏

　　夹云母红陶，圆唇，扁耳，流残。器右斜带彩，有三组纹饰，中间为两排空白和十字相间的方格纹，两边为折线三角纹。其余部分及内口抹红彩，彩带两边留出白边。

单耳带流彩陶罐

87HJCⅣM130 : 6

青铜时代（公元前1200—前800年）

通高14、口径8.8—10.8、底径6厘米

1987年和静察吾乎四号墓地出土

新疆维吾尔自治区文物考古研究所藏

　　夹云母红陶，圆唇，扁平耳，大平底。通体饰方格斜平行线交叉构成的虚实相间三角纹；实三角联体，比虚三角稍大一些，像一面面排列整齐的旗帜在随风飘扬。内口沿抹红彩。

单耳彩陶杯

87HJCⅣM118：6

青铜时代（公元前1200—前800年）

通高13.3、口径8.8、底径8.1厘米

1987年和静察吾乎四号墓地出土

新疆维吾尔自治区文物考古研究所藏

　　夹云母红陶，圆唇，小敞沿，宽扁耳，耳边缘
上卷。通体饰连续的八组大菱形回纹，每组之间上
下抹彩。

单耳彩陶釜

91BKKM28：2

青铜时代（公元前1200—前800年）

通高21.7、口径21.6厘米

1991年拜城克孜尔水库墓地出土

新疆维吾尔自治区文物考古研究所藏

　　土黄色陶衣，赭红色彩。纹饰为连续的三角纹与折线纹的组合。

高流单耳彩陶罐

91BKKM25：1（1）
青铜时代（公元前1200—前800年）
通高39、流长16、流宽4.8厘米
1991年拜城克孜尔水库墓地出土
新疆维吾尔自治区文物考古研究所藏

　　夹砂红陶，手制。口微敞，一侧渐高起与宽长
而上翘的流相连。圆唇，溜肩，单耳，鼓腹，圆
底。流与颈上部为深红色，颈腹部在土黄色地上，
绘八层相互叠错的深红色横三角纹带。下部有不规
则的水波纹。

单耳彩陶釜

91BKKM25：1
青铜时代（公元前1200—前800年）
通高29、口径34.5厘米
1991年拜城克孜尔水库墓地出土
新疆维吾尔自治区文物考古研究所藏

土黄色陶衣，赭红色彩绘连续三角纹。

铜短剑

2011BHMⅠM101：2

青铜时代（公元前1200—前800年）

通长25.9，刃宽2.1、刃厚0.2、柄宽1.5、柄厚0.5厘米

2011年和静莫呼查汗一号墓地出土

新疆维吾尔自治区文物考古研究所藏

　　完整，铸制。长条形，四方柱体剑首，直柄，斜格呈翼状，剑身细长，剖面呈菱形。

铜矛

2011BHMⅠM76：3

青铜时代（公元前1200—前800年）

通长38、柄长12、矛身长26.6、矛身宽2.8、

銎口直径3.6厘米

2011年和静莫呼查汗一号墓地出土

新疆维吾尔自治区文物考古研究所藏

　　完整，铸制，长圆銎柄，銎外残存一段木柄，柳叶形矛身，矛身起圆形状脊，銎口起凸棱，其下见对称的小圆孔，孔内见木质铆钉。

铜镜

2011BHM I M79：2
青铜时代（公元前1200—前800年）
直径7.7厘米
2011年和静莫呼查汗一号墓地出土
新疆维吾尔自治区文物考古研究所藏

完整，背素面，镜面平，桥纽。

铜镜

2011BHM I M150：6
青铜时代（公元前1200—前800年）
直径8.7厘米
2011年和静莫呼查汗一号墓地出土
新疆维吾尔自治区文物考古研究所藏

完整，素背面，桥纽，镜面平。

铜镜

2011BHM I M8：2
青铜时代（公元前1200—前800年）
直径7.5厘米
2011年和静莫呼查汗一号墓地出土
新疆维吾尔自治区文物考古研究所藏

完整，背素面，镜面平，桥纽。

铜斧

91BKKM30

青铜时代（公元前1200—前800年）

通长17.6、刃宽4.6厘米

1991年拜城克孜尔水库墓地出土

新疆维吾尔自治区文物考古研究所藏

铸造。椭圆形銎，双面刃。

蚀花玛瑙

2009KETM7∶24

战国—西汉（公元前475—公元25年）

通长4.2、直径0.6厘米

2009年库车提克买克冶炼遗址出土

新疆维吾尔自治区文物考古研究所藏

　　呈两端稍细腰鼓形，中部穿孔，深褐色，间以
白色带状和圈状的纹饰。

石拍

2011ABBⅢ2-M18A：2
青铜时代（公元前2500—前2200年）
通长14.7、宽8.2、厚3.6厘米
2011年布尔津博拉提三号墓地出土
新疆维吾尔自治区文物考古研究所藏

石拍，一端略圆较宽，一端略窄。与石锤、石砧组成一套颜料加工工具。

石锤

2011ABBⅢ2-M18A：3
青铜时代（公元前2500—前2200年）
长10.7、宽6.2、厚约4.5厘米
2011年布尔津博拉提三号墓地出土
新疆维吾尔自治区文物考古研究所藏

呈圆锥形，一端有使用痕迹。

石砧

2011ABBⅢ2-M18A：4
青铜时代（公元前2500—前2200年）
长22、宽18、厚6.1厘米
2011年布尔津博拉提三号墓地出土
新疆维吾尔自治区文物考古研究所藏

　　石砧，整体呈圆长方形。

鸡首铜簪

2011ABBⅢM6：2
西汉（公元前206—公元25年）
通长17、片状纹饰长约6.5厘米
2011年布尔津博拉提三号墓地出土
新疆维吾尔自治区文物考古研究所藏

　　圆柱形铜条制成。在顶部有片状饰件，饰件上部为直立的鸡形图案，阴线刻有羽毛及尾部，鸡形纹饰下有圆锥状饰件，饰件上阴线刻有纹饰。

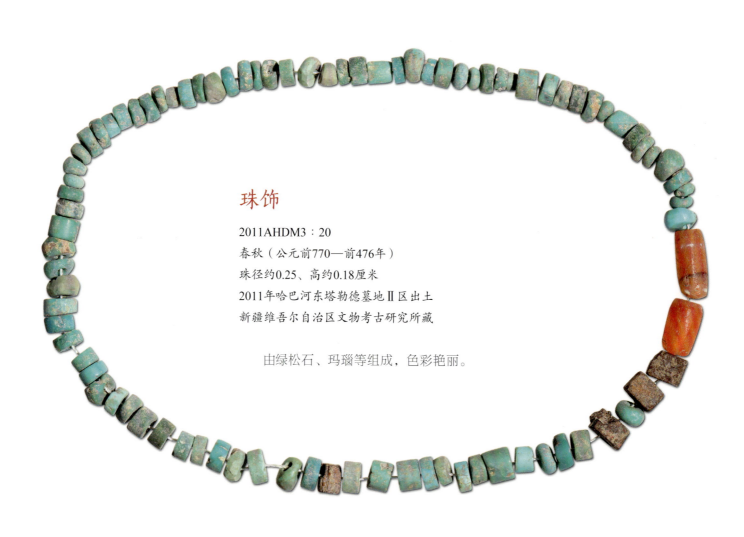

珠饰

2011AHDM3：20

春秋（公元前770—前476年）

珠径约0.25、高约0.18厘米

2011年哈巴河东塔勒德墓地Ⅱ区出土

新疆维吾尔自治区文物考古研究所藏

由绿松石、玛瑙等组成，色彩艳丽。

戳刺纹陶罐

94TLSIM3：1
青铜时代（公元前1700—前1500年）
通高17、口径16.5、底径8.5厘米
1994年托里萨孜村遗址出土
新疆维吾尔自治区文物考古研究所藏

　　敞口，平沿，腹微鼓，假圈足。器表布满烟炱。通体饰有锥刺纹饰，上部为水波纹，其内填饰斜线纹；中部有正倒三角纹内填饰平行线形纹；下部纹饰为两周折线纹。

青铜盘

02TWSM：临1

战国（公元前475—前221年）

通高3.3、口径22厘米

2002年乌苏四棵树墓地出土

新疆维吾尔自治区文物考古研究所藏

　　方唇，斜沿，敞口，斜腹，大平底。腹部有横耳。素面。器形古朴厚重。

金饰

02TWSM7：10
战国（公元前475—前221年）
通长约5.9、最宽约4.9厘米
2002年乌苏四棵树墓地出土
新疆维吾尔自治区文物考古研究所藏

　　用薄金片锤揲、剪切而成。中间镂刻一棵大树，枝叶繁茂，底部呈锯齿状，树两边对称攀援一兽，兽身细长，兽头微曲高昂，前肢向上直立，后肢弯曲，整体呈S形，以剪影的形式表现出二兽刚劲有力、跃跃欲上的姿态。

带流双耳罐

02TWSM6：2

战国（公元前475—前221年）

通高9.3、口径9.8、底径9.4厘米

2002年乌苏四棵树墓地出土

新疆维吾尔自治区文物考古研究所藏

　　侈口，圆唇，弧壁内收，双耳，平底。与器耳相对一侧有管状流，嵌于壁内。流用厚铜片卷曲而成，接缝处未闭合。器耳左侧的器身上还有柱状手柄，实心铜柱嵌入器身制成。器身收束，较为匀称。

玉石臼

02TWSM8：3
战国（公元前475—前221年）
通高3.5、长径8.2、短径7厘米
2002年乌苏四棵树墓地出土
新疆维吾尔自治区文物考古研究所藏

　　器身整体呈椭圆形，黄色，有黑絮，多裂纹。
方唇，敞口，弧壁，平底。横柄。柄部穿1孔。

金鹰啄鹿饰件

90AKM5：C：2
战国（公元前475—前221年）
高2.9、长2.42厘米
1990年阿合奇库兰萨日克墓地采集
克孜勒苏柯尔克孜自治州博物馆藏

　　铸制。鹿呈站立状，通体浑圆，四足微内曲。
引颈昂首，耳、角向后延伸；鹰立于鹿背上，俯
首、竖耳钩喙、双翅高展，无尾羽。鹰胸部与鹿角
枝杈相连。

眉石及眉笔

05YGSM21：2
战国—西汉（公元前475—公元25年）
眉石长2.7、宽2.5厘米；
眉笔通长7.5厘米
2005年巩留山口水库墓地出土
新疆维吾尔自治区文物考古研究所藏

　　眉笔灰黑色砾石磨制而成，呈锥形。眉石表面
有凹槽。

小河文化

　　小河文化，是分布在塔里木盆地中部、东部地区的一支古老的青铜时代文化，因罗布泊地区小河墓地而得名，包括克里雅北方墓地、古墓沟墓地等十余处遗存。其中小河墓地规模最大，共发掘墓葬167座，年代从约公元前2000年延续至前1400年。举世罕见的奇特葬制，充满了浓郁原始宗教的文化氛围，极大地拓宽了人们认识史前人类精神文化的视野。入选2021年中国"百年百大考古发现"。

小河墓地

  墓地由上下数层墓葬叠压、堆垒形成一座巨大的沙山,高7、长74、宽35米左右,中部有木栅墙将其分为南北两区。一墓一棺,一棺一般葬一人。木棺无底,上以牛皮包裹。男性棺前立象征女阴的桨形木,女性棺前立象征男根的柱状木,彼此呼应,显示浓厚的生殖崇拜理念。在木棺的前端还立有一根高四五米的涂红木柱,柱下插立干旱区植物,柱上悬挂牛头、羊头。不同时期的立柱高低丛列,形成一片木柱的森林。五六百年间,一代又一代小河人在小河墓地巨大的沙山上,安葬逝者,举行祭祖祈育的神圣活动,希冀祖灵佑护,祈盼生命繁衍、万物丰产。

小河人服饰

　　小河人服饰数百年间几乎没有变化。其头戴毡帽，腰着腰衣（男子腰衣如窄带，女子腰衣似短裙），身裹宽大的毛织斗篷，足蹬短靴。斗篷和腰衣都是一次织（或编）成的块料型服装，直接围裹、披挂于身，这是人类服装演变史上最为简单的服饰形式。斗篷和腰衣上或织或编出红色（由茜草染色）几何纹。毡帽上缝缀红色毛线、插鸟的翎羽、捆扎伶鼬。这些奇异的装饰，或与原始信仰有关。

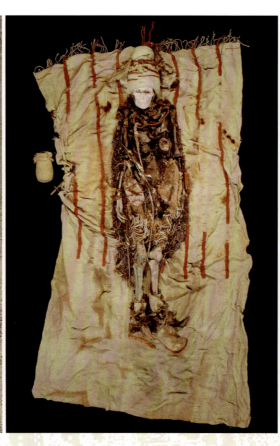

小河人随葬品

　　小河人每墓必随葬草编篓，篓内多盛麦黍或干结的奶制品。一些特别的随葬品可能与墓主人的身份、地位有关，如男性墓中常见的嵌骨雕人面像的法杖、蹄状木柄石器等。还有与性别有关的随葬品，如女性墓中特有的木祖、木梳、皮囊，男性墓特有的冥弓、冥箭等。这些随葬品，小河人都赋予其特殊的象征意义，是研究原始信仰的第一手资料。

木棺

03XHM24

青铜时代（公元前2000—前1400年）

通长260、宽85、高45厘米

2003年若羌小河墓地出土

新疆维吾尔自治区文物考古研究所藏

　　木棺较大，由胡杨木制成的侧板、两档、盖板拼合而成，无底。侧板外撇呈弧形，两端内侧保留了树干本身的自然弧面，两板端头相触，近端头凿出U形槽用来嵌长条形的挡板。盖板10块，其中一块极细窄，棺前部的7块盖板和后部的3块盖板上都涂划有可以相连的黑色直线，便于拼合。

男根立木

03XHM38
青铜时代（公元前2000—前1400年）
通高170厘米
2003年若羌小河墓地出土
新疆维吾尔自治区文物考古研究所藏

　　由一根胡杨木砍削而成。立木上部截面呈五边形，顶端削尖，下部呈圆柱形。上端34厘米的部分用天然矿物颜料涂成红色。柱上一段用深棕色毛线细密缠绕，缠毛线部分长11厘米，毛线下固定一组长27厘米的草束。被草束遮住的木柱表面未涂上红色，说明是先在木柱上缠毛线固定草束后再局部涂红的。

女阴立木

03XHM24：1
青铜时代（公元前2000—前1400年）
通长180、通宽67厘米
2003年若羌小河墓地出土
新疆维吾尔自治区文物考古研究所藏

　　由一根粗的胡杨树干砍削而成，呈桨形，"桨叶"部分截面大致呈十字形，表面用木炭涂抹成黑色，顶端风蚀干裂，黑色已脱落。柄部截面呈不规则长方形，上端刻划7道弦纹圈，并在刻划处涂抹红色。

毡帽

03XHM14：6

青铜时代（公元前2000—前1400年）

通高28厘米

2003年若羌小河墓地出土

新疆维吾尔自治区文物考古研究所藏

　　圆帽，顶略尖。帽檐下两侧各缝缀一根毛绳系带。帽上缝缀6圈浅红色合股毛绳，每圈缝4长针。帽前部左右各缀一只长约20厘米的伶鼬，两鼬头部并垂于帽前部。帽左侧插2支羽饰。

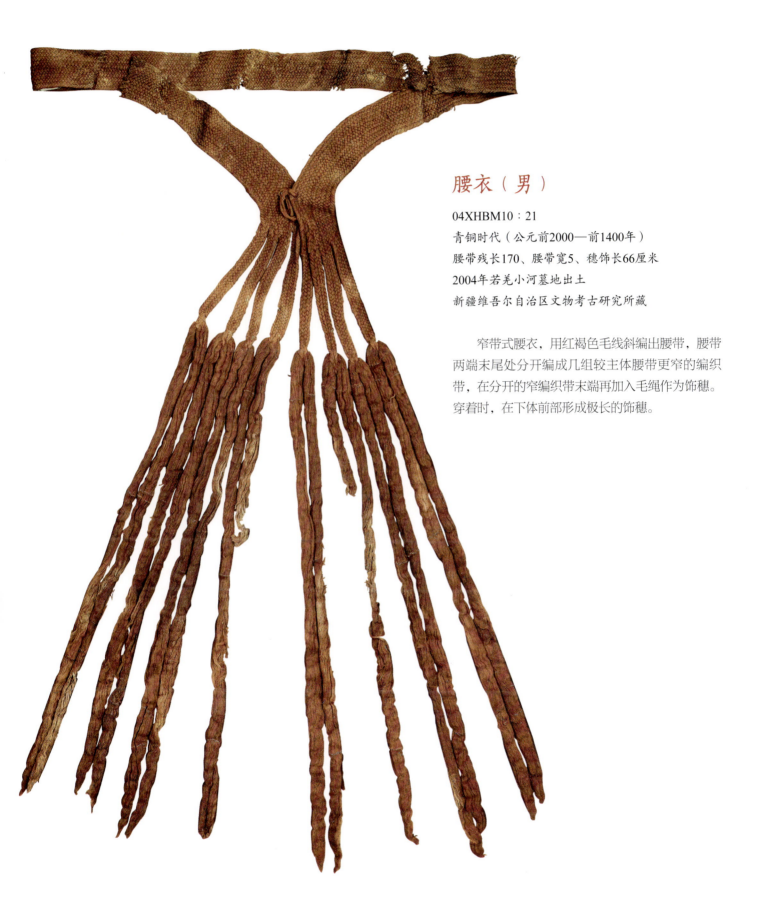

腰衣（男）

04XHBM10：21
青铜时代（公元前2000—前1400年）
腰带残长170、腰带宽5、穗饰长66厘米
2004年若羌小河墓地出土
新疆维吾尔自治区文物考古研究所藏

　　窄带式腰衣，用红褐色毛线斜编出腰带，腰带两端末尾处分开编成几组较主体腰带更窄的编织带，在分开的窄编织带末端再加入毛绳作为饰穗。穿着时，在下体前部形成极长的饰穗。

腰衣（女）

03XHM14：22

青铜时代（公元前2000—前1400年）

装具长150、宽65厘米

2003年若羌小河墓地出土

新疆维吾尔自治区文物考古研究所藏

　　短裙式腰衣，平纹组织。经线深褐色，纬线深褐、红两色。腰衣除上缘外，三面出穗。两端穗饰由延长的深褐色线构成。腰衣下面的穗饰长而细密，由延长的深褐色、红色线构成。

皮靴

03XHMC：15

青铜时代（公元前2000—前1400年）

通高28.5、底长29厘米

2003年若羌小河墓地采集

新疆维吾尔自治区文物考古研究所藏

　　皮靴由三块皮子缝制而成，分为靴底、靴面前部、靴腰及后跟三个部分，皮质经过鞣制，皮毛均朝内。靴面正中涂抹一道宽约2.5厘米的红色条带，并排穿两束羽毛。靴底与靴面、后跟缝合线位于皮靴内侧。靴后跟和靴面前部之间用Z拈细筋线缝合。靴腰在前侧开口不缝合，一根Z拈灰白粗毛绳穿过靴口两侧孔洞，在腰部缠绕两圈后，在孔洞处打结系扎。

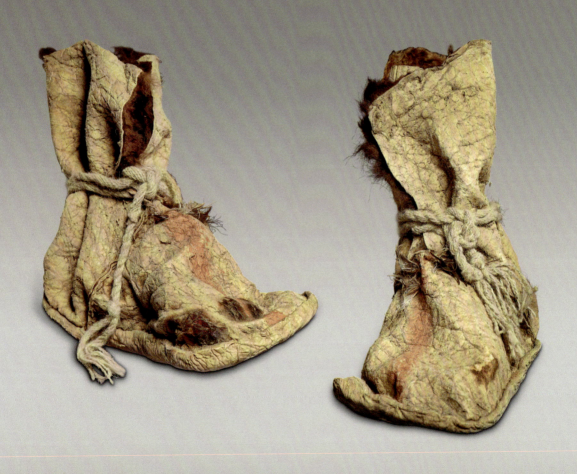

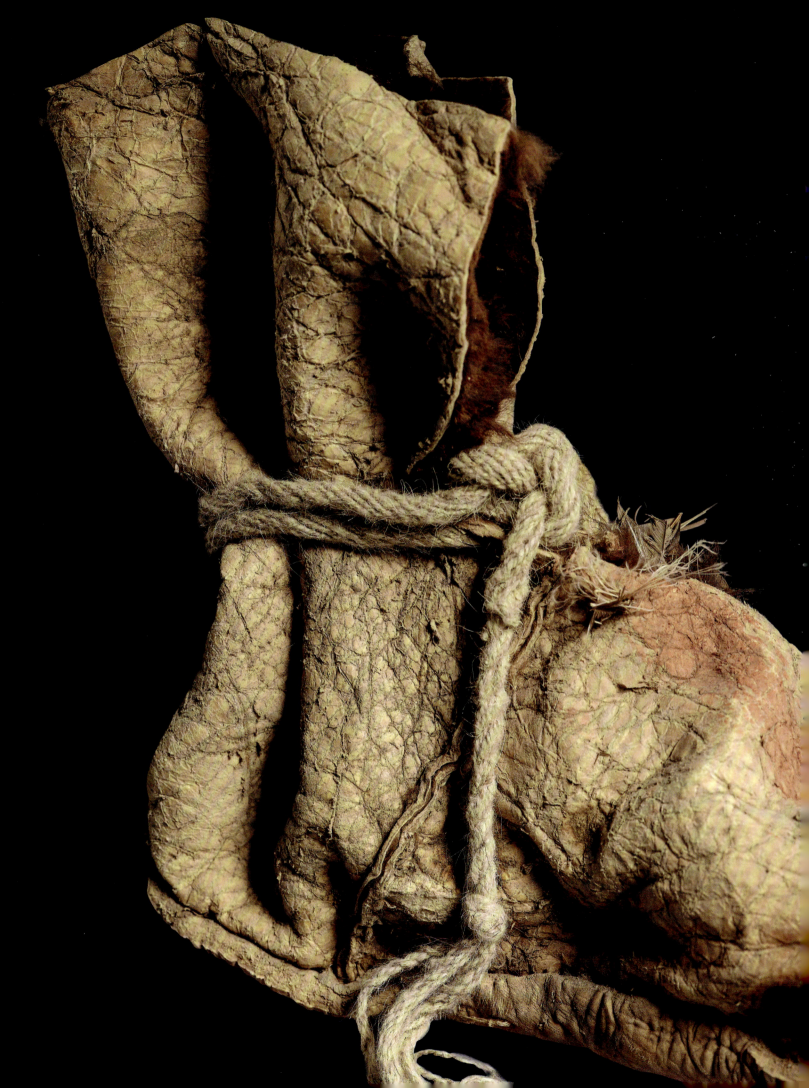

毛织斗篷

03XHM13：7

青铜时代（公元前2000—前1400年）

通长233、宽138厘米

2003年若羌小河墓地出土

新疆维吾尔自治区文物考古研究所藏

　　裹在干尸身上。保存完整。白色经纬，Z捻，平纹交织。斗篷底边结穗，两幅边也呈绳状。距斗篷顶边（即经头）87厘米处，由上而下织入7道与幅边平行的经向红色条带，条带下端编结成穗，和底边饰穗并列。距饰穗边缘3.5厘米处，自两幅向中部，以通经断纬技法各织入6棱红色纬线形成两条短红线条。

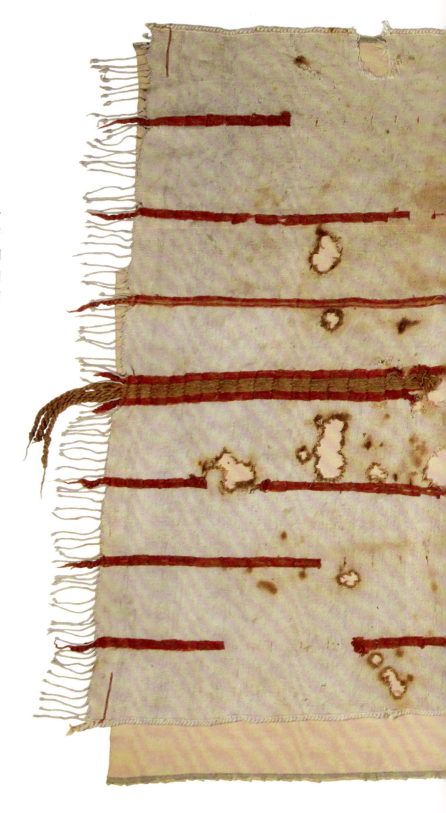

木雕人面像

03XHMC：1

青铜时代（公元前2000—前1400年）

通长8.5、宽5.8厘米

2003年若羌小河墓地采集

新疆维吾尔自治区文物考古研究所藏

人面像整体呈椭圆形。以浮雕手法夸张地雕刻出面部五官。眉弓发达，雕刻两个小圆孔，表示眼睛。鼻子宽大高耸，下方雕刻长方形嘴巴。在眼窝处镶嵌白石珠、嘴巴和下颌处镶嵌截断的羽毛杆，分别代表眼珠、牙齿、胡须，额头穿毛线扎的羽毛代表头发，鼻梁处横搭7道细毛线。面部整体疑似用一层动物肠衣敷贴，然后用天然矿物颜料涂成红色。

项饰

03XHM28：20
青铜时代（公元前2000—前1400年）
周长80厘米
2003年若羌小河墓地出土
新疆维吾尔自治区文物考古研究所藏

　　红、白色毛绳编成项绳，上穿缀玉、石、珠饰
等。项绳两端用动物筋固定小撮羽毛缨。

木祖

03XHM30：15
青铜时代（公元前2000—前1400年）
通长10厘米
2003年若羌小河墓地出土
新疆维吾尔自治区文物考古研究所藏

　　由两个相同的截面呈椭圆形的木片对扣成一体，两片木片内侧挖细槽，中填夹可能是蜥蜴的动物以及毛发，外侧两端出棱，棱之间密缠红色毛线。

木别针

03XHM11：6

青铜时代（公元前2000—前1400年）

上：长22厘米

下：长23厘米

2003年若羌小河墓地出土

新疆维吾尔自治区文物考古研究所藏

　　共2件。其中一件为刻花木别针，制作精细，圆柱形柄，锥部逐渐削尖；柄部雕刻花纹，为两两组合的14道弦纹圈，中间刻相对的小三角纹，共形成7组三角纹饰带；别针表面打磨光滑，有涂红痕迹。另一件红柳棍一端有削痕，另一端烧焦。

夹条石木器

03XHM25
青铜时代（公元前2000—前1400年）
通长21.2、石长10.5、石宽2.3厘米
2003年若羌小河墓地出土
新疆维吾尔自治区文物考古研究所藏

　　由两块窄端削刻成蹄状的木片，夹一块条石，再以毛绳缠绕捆绑而成。
磨制，内侧面刻划7道细槽。条石夹在两木片的宽端，用白色毛绳十字交叉
缠绕捆绑。

嵌骨雕人面像木杖

03XHM24：9

青铜时代（公元前2000—前1400年）

通长66厘米

2003年若羌小河墓地出土

新疆维吾尔自治区文物考古研究所藏

　　是插在男尸头前的木杖，分上、中、下三段。上段内侧面平，外侧面弧，顶端圆；中段上半截扁平，下半截渐圆；下段削成圆尖头。上段内侧凿凹槽，槽内粘嵌一对骨雕人面像；上段用骨胶平贴4支粗羽毛。中段上半截围裹浅黄色鬃毛，鬃毛外以鬃绳密密缠绕，鬃绳外局部再绕土黄色和褐色毛线。上段所嵌骨雕人面像造型奇特，为浮雕，下端约1/4的部分是人面，之上约3/4的部分又高又尖，可能象征帽冠。整个人面系用夸张的鼻子代替，鼻梁高突，棱角分明。

嵌骨雕人面像木杖

04XH采：临1
青铜时代（公元前2000—前1400年）
通长65.5厘米
2004年若羌小河墓地采集
新疆维吾尔自治区文物考古研究所藏

一面弧，一面较平，顶端圆，尾端逐步削尖。

木罐

04XHM75：3
青铜时代（公元前2000—前1400年）
通高18.8、口径16、底径13厘米
2004年若羌小河墓地出土
新疆维吾尔自治区文物考古研究所藏

　　筒形，近底部略收，口沿外有双系耳，上存红、白两色合股毛绳提梁。罐的口沿一周及罐身一侧嵌有小铜片。

草筛

04XHM75 : 4

青铜时代（公元前2000—前1400年）

通高12、口径21厘米

2004年若羌小河墓地出土

新疆维吾尔自治区文物考古研究所藏

敞口，底部略尖，口沿处编织出凹凸的装饰花纹。

草篓

03XHM24：12

青铜时代（公元前2000—前1400年）

通高15、口径11.5—12、底径4厘米

2003年若羌小河墓地出土

新疆维吾尔自治区文物考古研究所藏

放在男尸右胯部外侧。以芨芨草为经，植物根茎纤维为地纬，光洁的麦秸为纹纬，以绞编技法编结而成。纬草以平纹规律绞转编结，靠篓口处和近底部各斜绞出稍凸起的绳纹带。篓口沿处有褐色毛绳提梁，篓口蒙盖褐色毛毡，用同色毛绳缠绕数道捆绑。

草篓

02XHM2：11
青铜时代（公元前2000—前1400年）
通高13、口径12厘米
2002年若羌小河墓地出土
新疆维吾尔自治区文物考古研究所藏

　　以植物茎杆、根茎纤维为原料绞编而成。圜底，篓壁较直，近圆柱形。用带光泽的麦秸草附加在纬草上，以平纹规律绞转编结出水平条带、连续三角纹、阶梯纹。靠篓口处和近底部各有一道斜绞而成的稍凸起的绳纹带。篓口处盖一层灰白毡，两根合股的灰白毛绳穿在近口沿处两侧作提梁。篓内存少许干结的食物。

羽箭

03XHM24：28
青铜时代（公元前2000—前1400年）
通长72—77厘米
2003年若羌小河墓地出土
新疆维吾尔自治区文物考古研究所藏

　　集中放在墓主人两腿间。以红柳木棍制成，去皮，打磨光滑，一端平，一端尖。在平头端、中部两处捆绑羽毛。羽毛先用动物筋缠绕，再用毛线缠绕捆绑，羽梢均被修剪平齐。缠绕的毛线有灰白色、红色等。在箭杆上刻划横向、竖向的三角纹饰带。箭杆表面均涂有红色。

冥弓

03XHM25：8
青铜时代（公元前2000—前1400年）
通长约42厘米
2003年若羌小河墓地出土
新疆维吾尔自治区文物考古研究所藏

　　以红柳枝削成，两端削尖，出棱，上间隔缠绕
12道动物筋。弓弦为两根动物筋合股捻成。

贰

绿洲文化的
深入发掘

在统一国家的大背景下，新疆古代文化面貌在汉唐时期有了重大进步。进一步深入探究历史时期新疆文化内涵和发展过程，将历史和文化的认识引向深入，是该阶段新疆考古的重点之一。

和田、吐鲁番、巴州等地历史时期墓葬的发掘，展现了丝绸之路的繁盛和文化的丰富多彩。同时也显示出，自公元前60年新疆地区正式纳入中国版图后，对中华文化的归属感和认同感在当地社会生活中日益增进与升华。

新疆考古与其他省区市高校、科研院所的合作在这个时期进一步加强，更多的新生代力量投身于新疆考古和丝绸之路研究。对外交流合作也取得重要成果。与法国、日本联合对圆沙、尼雅、丹丹乌里克等遗迹的调查发掘，既展现了中国考古的精神，也促进了观念和技术的提升。

交河故城，又称雅尔湖故城，是世界上最大最古老、保存最完整的生土建筑城市，车师前国都城，唐代于此设立安西都护府。元末察合台汗国时期，由于连年战祸，损毁严重废弃。曾发掘城门、一二号民居、地下佛寺等遗存。2014年，"丝绸之路：长安—天山廊道的路网"被列入《世界遗产名录》，交河故城是其中一处遗产点。

交河故城

墓表

96TYGXM2：6

麴氏高昌延昌十八年（公元578年）

边长31、宽31厘米

1996年吐鲁番交河沟西墓地出土

新疆维吾尔自治区文物考古研究所藏

　　生土模制，较粗糙。正方形。自右向左竖行墨书，共4行，字体规整，字迹清晰。

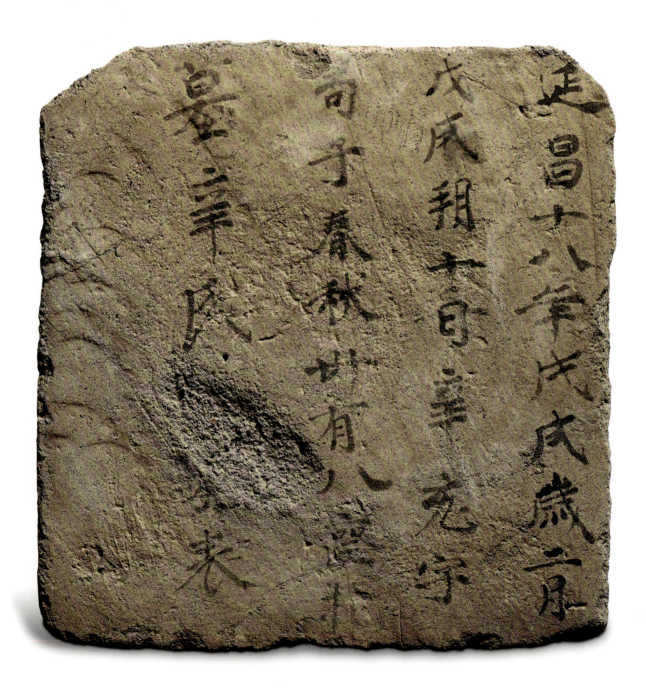

桃形骨饰件

94JGBM28：19

西汉（公元前206—公元25年）

通长13.4、通宽3.6厘米

1994年吐鲁番交河沟北一号台地墓地出土

新疆维吾尔自治区文物考古研究所藏

　　一面平，留有原粗糙骨质面；另一面略弧，磨制光滑。为两种形状构成，一部分为桃形，紧接另一部分为梯形。在饰片中部透雕一长圆形的透孔，并在其周围和上下有3对较对称的圆形透孔。

桃形骨饰件

94JGBM6：1

西汉（公元前206—公元25年）

通长13.5、通宽3.3厘米

1994年吐鲁番交河沟北一号台地墓地出土

新疆维吾尔自治区文物考古研究所藏

　　一面平，留有原粗糙骨质面；另一面略弧，磨制光滑。为两种形状构成，一部分为桃形，紧接另一部分为梯形。在梯形窄边上透钻一个圆孔。

骨带扣

94JGBM28：29
西汉（公元前206—公元25年）
通长5.6、通宽3.8厘米
1994年吐鲁番交河沟北一号台地墓地出土
新疆维吾尔自治区文物考古研究所藏

　　上有方形纽，下为圆形环，在纽的上端有切削留下的槽痕。

骨卡扣

94JGBM6：②
西汉（公元前206—公元25年）
通长6.2、通宽4.4厘米
1994年吐鲁番交河沟北一号台地墓地出土
新疆维吾尔自治区文物考古研究所藏

　　两侧基本平直，下为尖弧状，紧沿上直边有并排的3个透孔，尖弧处有一圆孔，孔上有三角形豁口。

骨卡扣

94JGBM6：①
西汉（公元前206—公元25年）
通长5.2、通宽3.3厘米
1994年吐鲁番交河沟北一号台地墓地出土
新疆维吾尔自治区文物考古研究所藏

　　卡扣上下透钻两个圆孔，下圆孔上部有三角形豁口，在底平面上有使用留下的摩擦痕迹。

驼形金饰

94JGBM1

西汉（公元前206—公元25年）

高2.2、长2.8厘米

1994年吐鲁番交河沟北一号台地墓地出土

新疆维吾尔自治区文物考古研究所藏

　　共2件。双峰驼，卧姿，举目平视，形态安详，形象逼真。在驼的嘴、峰及腿部计有5个直径约0.1厘米的钉孔，饰片的一面残留有铜锈。

仿罗马金币

04TBM106：1
唐西州时期（公元640—791年）
直径1.78厘米，重0.45克
2004年吐鲁番巴达木墓地出土
吐鲁番博物馆藏

圆形薄金片模压制作，图案为免冠人头像，人头颈部左侧压"卍"字符。

仿拜占庭金币

05TBM304：5
唐西州时期（公元640—791年）
直径1.19厘米，重0.4克
2005年吐鲁番巴达木墓地出土
吐鲁番博物馆藏

为仿拜占庭金币。金箔锤揲压印制作，呈不规则圆形，有两个人工穿孔。图案为君士坦丁四世正面胸像。币沿有字母，模糊不清。

墓志

04TBM217：1

唐垂拱二年（公元686年）

边长34、厚4厘米

2004年吐鲁番巴达木墓地出土

吐鲁番博物馆藏

　　青灰方砖，朱砂楷书志文，朱砂画竖行线。志文从右至左竖行排列，共
14行214字，其中15字漫漶不识。

墓表

1978SLM：临1

麴氏高昌延和五年（公元606年）

长38.5、宽40厘米

1978年鄯善一颗桑墓地出土

新疆维吾尔自治区文物考古研究所藏

　　灰砖，砖面涂黑，朱砂画竖行线，朱书。从右至左竖行排列，计7行，部分文字漫漶不清。经考释为高昌延和五年巩氏妻宋氏墓表。

楼兰古城，罗布泊地区著名遗址，因出土汉文文书"楼兰"与佉卢文"库罗来那"对应而得名。地当古丝绸之路要冲，魏晋西域长史所在地，历史上曾盛极一时。现存有城墙、佛塔、衙署、民居、古渠道、烽燧、墓葬等遗迹，古城周围有屯田遗址。

狮纹毯

1998LEM1：2

东汉—晋（公元25—420年）

长265、宽103厘米

1998年若羌楼兰古城北墓葬出土

新疆维吾尔自治区文物考古研究所藏

　　材料是毛，表面磨损，纹样不鲜明。此毯图案由中央纹样和边框纹样组成，以红、黄、蓝、茶、棕、白等色栽绒显现花纹。中央纹样为一图案化的单一动物，内区有狮子纹，眼睛、鼻子、口、身躯都由长短的直线、折线勾勒。此类毛毯在营盘、尼雅墓地也发现过。

"长寿明光"锦

1980LBMB2：45

东汉（公元25—220年）

长37、宽22.5厘米

1980年若羌楼兰遗址北孤台墓地出土

新疆维吾尔自治区文物考古研究所藏

　　长方形织锦残片，保存浅棕色幅边。平纹经重组织，图案为典型汉式云气动物纹，在蓝色地上，以黄、褐、绿三色经线显出以卷曲蔓藤纹为骨架的图案。蔓藤纹弯曲处填有瑞兽和"长寿明光"铭文。

"望四海贵富寿为国庆"锦

1980LBMB2∶42

东汉（公元25—220年）

长34.3、宽22.8厘米

1980年若羌楼兰遗址北孤台墓地出土

新疆维吾尔自治区文物考古研究所藏

　　长方形织锦残片，存一侧幅边。平纹经重组织，蓝地，黄、褐、绿色显花。图案为通幅的典型汉式云气动物纹。此锦与斯坦因在该墓地掘取的"登高明望"锦可缀合，铭文可合为完整的一句："登高明望四海贵富寿为国庆"。

"长乐明光"锦残片

1980LB2：44

东汉（公元25—220年）

上：残长49、宽10厘米

下：残长26、宽11厘米

1980年若羌楼兰遗址北孤台墓地出土

新疆维吾尔自治区文物考古研究所藏

　　锦面以蓝色线做地，褐、绛、草绿三色显花，平纹经锦结构，纹样为典型汉式云气动物纹。

漆卮

1980LB1：5

东汉（公元25—220年）

高11.2、直径11.6、壁厚0.3厘米

1980年若羌楼兰遗址北孤台墓地出土

新疆维吾尔自治区文物考古研究所藏

　　木质，已变形，多处有裂痕。直筒形，直口，直腹，平底，小单耳。器内壁施红色漆。器外壁施棕色地，中部用红、黑二彩满绘云纹，上下部用红、黑漆绘4道小圆圈。做工非常精致，为难得的艺术珍品。

柱头

80LBC：197

东汉—晋（公元25—420年）

通长34、宽26.5、高17厘米

1980年若羌楼兰遗址采集

新疆维吾尔自治区文物考古研究所藏

　　木质，方形，上端中部刻槽，底部斜收，较为平整。

玻璃片

汉—晋（公元前206—公元420年）
残长5.6、最宽3.4厘米
1988年若羌楼兰遗址采集
新疆维吾尔自治区文物考古研究所藏

　　浅绿色玻璃残片，表面有连续的
长方形纹饰。

铜铃

汉—晋（公元前206—公元420年）
分别长4.1、1.8厘米
1988年若羌楼兰城外采集
新疆维吾尔自治区文物考古研究所藏

　　共2件，一件铃上有圆环，另一件铃下有小环。

铜镜残片

汉—晋（公元前206—公元420年）
残长约7.5厘米
若羌楼兰遗址采集
新疆维吾尔自治区文物考古研究所藏

　　铜镜残片，隐约有连弧纹、花
草纹。

铜戒指

80LBC：83（2）
东汉—晋（公元25—420年）
环径2.2、戒面长1.7、戒面宽1.3厘米
1980年若羌楼兰遗址采集
新疆维吾尔自治区文物考古研究所藏

　　半圆形戒环，戒面为椭圆形，刻有图案。

贵霜钱币

80LBC：228
东汉—晋（公元25—420年）
直径2.8厘米
1980年若羌楼兰遗址采集
新疆维吾尔自治区文物考古研究所藏

　　正面有贵霜文字、人物、图案，是中亚地区贵霜王朝统治时期铸造发行使用的一种钱币。

五铢

东汉—晋（公元25—420年）
直径2.5厘米
若羌楼兰遗址采集
新疆维吾尔自治区文物考古研究所藏

　　圆形方孔铜钱，正面有"五铢"两字。

箭杆

汉—晋（公元前206—公元420年）

残长13.5—22厘米

若羌楼兰遗址采集

新疆维吾尔自治区文物考古研究所藏

　　共5件。圆木条制成，个别有彩
绘，有的箭尾尚存。

楼兰地区魏晋时期高等级墓葬。前后双室满绘壁画，壁画内容反映墓主生前生活场景，中心柱与后室绘天象图。出土彩绘棺板、彩绘木箭杆、绢衫、半袖袍等珍贵文物，深受河西魏晋时期丧葬文化影响。

楼兰壁画墓

彩绘绢衫

2003LM1：3

魏晋（公元220—420年）

身长120、肩袖通宽162厘米

2003年若羌楼兰壁画墓出土

新疆维吾尔自治区文物考古研究所藏

　　残破成数片，经拼对成型。左衽，右襟上挖出半圆形领口，束腰，宽摆，左右两侧下开裾。白色绢为面料。成衣后再进行手工描绘。胸襟上以红、黑、土黄、绿各色绘一尊站在莲花上的立佛，周围满绘花卉、璎珞。手描线条劲秀，平涂色块均匀，人物眉眼、发丝、衣褶表达得细腻、生动，完全是绘画的效果。此件绢衫丝绸面料来自中原，款式上借鉴了汉式服装设计，又有西域地方服制的特点。

棉布袜

2003LM1：10
魏晋（公元220—420年）
袜长27、高20厘米
2003年若羌楼兰壁画墓出土
新疆维吾尔自治区文物考古研究所藏

　　白色棉布缝制，袜腰后部开露，后跟处缀带用以扎系。

尼雅遗址为塔克拉玛干沙漠南缘现存规模最大的聚落遗址群，精绝故地。两汉魏晋时期丝绸之路南道的重要交通节点之一。残存有规模不等的房屋、佛寺、佛塔、道路、手工业作坊、墓地、果园等遗迹。著名"五星出东方利中国"锦护臂出土于尼雅95一号墓地M8。入选1995年度"全国十大考古新发现"和2021年中国"百年百大考古发现"。

单耳带流彩陶罐

93MNⅢM1：2

西汉（公元前206—公元25年）

通高38.8、口径10—15.2厘米

1993年民丰尼雅遗址N3南墓地出土

新疆维吾尔自治区文物考古研究所藏

　　夹砂灰黑陶，火候较低。圆唇侈口，宽大单耳，喙状长流上翘，鼓腹，圜底。器体呈吊葫芦形。器耳部、口流外下部以及侧部器身对称施绘有4组红彩蔓藤纹样。

佉卢文木牍

91MNC
魏晋（公元220—420年）
通长16.7、宽7.2厘米
1991年民丰尼雅遗址采集
新疆维吾尔自治区文物考古研究所藏

　　矩形，系用木板料切削加工制成，木牍尚未启封，封缄用的绳及封泥基本完好保存。

营盘古城是孔雀河故道大型聚落遗址，汉晋时期"楼兰道"的重镇之一。残存城址、墓地、佛寺、烽燧、农田等遗迹。营盘墓地是城址居民公共墓地，发掘墓葬132座，墓葬有竖穴和偏室墓，使用木制棺具，单人葬为主，出土保存状态良好的各类服饰、木器、漆器及装饰品等。以15号墓为代表的遗存，汇聚了西域、中原以及中西亚等地不同的因素，展现出极为丰富的文化内涵，是丝绸之路文明交流互鉴的生动实例。

营盘墓地15号墓

墓主为一男性，葬在汉式彩棺中。男子身高约1.9米，面戴麻质贴金面具。上身穿对人对牛羊树纹毛锦袍，锦袍面料为产自中亚一带的双层毛织物；下身穿丝绣裤，系用西域所产丝线刺绣出花卉纹样。该墓棺具、墓主人服饰规格高，显示其生前可能有着不同寻常的身份、地位。

间色毛裙

95BYYC：24

魏晋（公元220—420年）

通长96、裙摆宽180厘米

1995年尉犁营盘墓地采集

新疆维吾尔自治区文物考古研究所藏

　　由六幅平纹褐缝合而成，浅黄、红两色相间。近腰端打褶，每幅约15个褶，每褶宽约1厘米。在每幅褐的正中自上而下都贴缝有一道宽2.2厘米的浅褐色绢条。各褐片间的接缝处都夹缝大体同样宽的一道浅黄色绢条。

对人对禽树纹锦下颌系带

99BYYM1：9

魏晋（公元220—420年）

长39、宽8.6厘米

1999年尉犁营盘墓地出土

新疆维吾尔自治区文物考古研究所藏

　　为衣服的边饰，采用平纹纬重组织，在红地上以白、姜黄两色织出对称的人物、兽面、小鸟、树、伞盖等，单位纹样皆沿纬线方向以二方连续的形式横向排列，均齐规整。这类平纹纬锦为西域地产织物，结构上明显受到中原平纹经锦的影响。

镶动物纹锦绦衣袖

99BYYM23：3-4

东汉—晋（公元25—420年）

残长9.5、宽20厘米

1999年尉犁营盘墓地出土

新疆维吾尔自治区文物考古研究所藏

浅褐色绢衣袖，袖口镶锦绦。锦绦由加Z向强捻的经纬丝线以平纹经二重组织制成，在幅宽2.5厘米的范围内，将土黄、红、绿色经丝分区排列，织造时纹地互换，形成3道整齐的长方格骨架，内填动物纹。

几何纹锦绦残段

99BYYM18：15-5
东汉—晋（公元25—420年）
长14、宽4厘米
1999年尉犁营盘墓地出土
新疆维吾尔自治区文物考古研究所藏

　　在幅宽4厘米的范围内，将土黄、姜黄、红、绿色经丝分区排列，织造时纹地互换，形成5道整齐的长方格骨架，内填动物纹、波头纹及各种几何纹。

漆羽觞

99BYYM7：3

东汉—晋（公元25—420年）

通高5、口径9—18厘米

1999年尉犁营盘墓地出土

新疆维吾尔自治区文物考古研究所藏

　　用木块掏凿成。椭圆形，侧视口沿两头上翘，敞口，平沿，斜腹，平底。沿上方有对称的月牙形双耳。器表通体髹黑漆，口沿内髹1道黑漆。

"登高"锦衣缘

95BYYM20∶4
东汉—晋（公元25—420年）
残长35、宽4厘米
1995年尉犁营盘墓地出土
新疆维吾尔自治区文物考古研究所藏

　　为一件褐襦两襟的缘边。平纹经锦，以红色为地，蓝、黄、绛紫三色显花。

　　纹样为典型的汉式云气动物纹，因锦带较窄，只残有"登高"字样及飞禽后半部分。在楼兰曾出土有同类织锦。在后赵石虎织锦署生产的锦名中就有"大登高""小登高"之名，可与出土实物对应。

兽面纹锦残片

99BYYM23：3-1

魏晋（公元220—420年）

残长50、宽14.5厘米

1999年尉犁营盘墓地出土

新疆维吾尔自治区文物考古研究所藏

　　平纹经重组织。蓝色为地，黄、浅蓝两色显花。图案不分色区。此锦纹样骨架由粗犷的涡纹卷云构成，骨架间填带有双足的兽面纹、对称的龙纹。在织锦上隐约可见织出的"王""羊"等汉字及佉卢文字母。佉卢文是一种死文字，起源于古代犍陀罗地区，东汉晚期传播到塔里木盆地南部。在尼雅和山普拉等地出土的丝绸也有佉卢文墨书被发现，但像此件将汉文和佉卢文在织锦中一并织出，实为仅见，是丝绸之路上中西文化相互交融的一个明证。

绞编履残片

99BYYM18：17

东汉—晋（公元25—420年）

长21.5、宽3.7—8.4厘米

1999年尉犁营盘墓地出土

新疆维吾尔自治区文物考古研究所藏

　　仅存半边鞋帮，以丝、麻为原料，以绞编法制成，土黄、姜黄、红色丝线相互搭配，形成各区几何纹样。甘肃和新疆汉晋时期墓葬中常有同类织成履出土。

棉襦尖襟残片

99BYY采：5

魏晋（公元220—420年）

残长81、宽22厘米

1999年尉犁营盘墓地采集

新疆维吾尔自治区文物考古研究所藏

　　为一件女性棉襦的衣襟部分，本色平纹棉布制成，衣下摆裁成尖而细长的三角形，摆缘用红绢镶边。这种尖下摆样式的女服，营盘墓葬出土多件，其尖下摆样式与魏晋时期中原女服中下摆如燕尾的"袿衣"十分相似，或许是受其影响之故。

金耳饰

99BYYM18：13

东汉—晋（公元25—420年）

通长8.1厘米

1999年尉犁营盘墓地出土

新疆维吾尔自治区文物考古研究所藏

　　一对。由上、下两部分组成，其间用穿缀了一颗多棱形白色玻璃珠的金丝线相连。每部分均以细窄的金条掐制成鸡心形、圆形和花蔓形，再焊接成类似变形兽面纹的框架，框架内镶嵌玻璃。

银耳饰

95BYYM22：19

东汉—晋（公元25—420年）

通长4.7厘米

1995年尉犁营盘墓地出土

新疆维吾尔自治区文物考古研究所藏

　　上端圆盘形，周缘饰联珠纹。中间镶嵌一枚海蓝色玻璃饰。耳下套穿四枚银珠和一枚海蓝色玻璃珠，其下垂吊叶状银片饰。银片饰上嵌有两枚白色圆饼形宝石和一枚海蓝色呈叶状的玻璃装饰。

蚌壳坠饰

95BYYM22：10

东汉—晋（公元25—420年）

通长2.5厘米

1995年新疆尉犁营盘墓地出土

新疆维吾尔自治区文物考古研究所藏

　　由珍珠、玻璃珠和蚌壳坠饰串合。坠饰以蚌壳磨成近长方形，两面平整，光亮呈肉红色，上端有一圆孔，姜黄色丝线串成。

项饰

东汉—晋（公元25—420年）

珠径0.2—0.3厘米

尉犁营盘墓地出土

新疆维吾尔自治区文物考古研究所藏

　　由圆形、算盘珠形和管形穿孔珠饰串缀而成。颜色有绿色、黄色、黑色等。

花形金饰

99BYYM10：1
东汉—晋（公元25—420年）
直径2.6厘米
1999年尉犁营盘墓地出土
新疆维吾尔自治区文物考古研究所藏

　　共4件。以金箔模压、裁剪成八瓣莲花形，正中镶嵌圆形玛瑙。边缘处有若干小孔，可能为缀于其他皮具或服装上的装饰品。

长方形金饰片

99BYYM22：1
东汉—晋（公元25—420年）
长1.5、宽1.3厘米
1999年尉犁营盘墓地出土
新疆维吾尔自治区文物考古研究所藏

　　共7件。以金箔锤揲、裁剪成四瓣形，中部模压出菱格纹，菱格中间斜插十字纹；每瓣中间压饰一个同心圆。周缘穿若干小孔，可能供缝缀于其他物品。

长方形银饰片

99BYYM18：12

东汉—晋（公元25—420年）

长1.5、宽1.3厘米

1999年尉犁营盘墓地出土

新疆维吾尔自治区文物考古研究所藏

共4件。以银箔模压、裁剪成四瓣形，中部模压出菱格纹，菱格中间斜插十字纹；其中两枚在瓣心压饰有同心圆。周缘穿若干小孔，可能供缝缀于其他物品。

木梳

95BYYM26：7

东汉—晋（公元25—420年）

通长6.4、宽3.8厘米

1995年尉犁营盘墓地出土

新疆维吾尔自治区文物考古研究所藏

器体较窄长，有齿39根。齿长3厘米。

骨梳

99BYYM2：4
东汉—晋（公元25—420年）
通长5.1、宽3.9厘米
1999年尉犁营盘墓地出土
新疆维吾尔自治区文物考古研究所藏

　　兽骨磨制而成。梳柄半圆形，梳齿细密，部分齿残。

纺轮及纺杆

99BYYM7：9
东汉—晋（公元25—420年）
纺杆长24、纺轮直径3.7厘米
1999年尉犁营盘墓地出土
新疆维吾尔自治区文物考古研究所藏

　　纺轮馒头形，正面平直，底面圆弧，中心有穿孔。纺杆用木棍刮削成，下端粗，上端细。

铁镜及镜袋

东汉—晋（公元25—420年）

铁镜直径9、镜袋直径约10.5厘米

尉犁营盘墓地出土

新疆维吾尔自治区文物考古研究所藏

　　毛织镜袋，内有铁镜，镜圆形，素面，具纽，纽上有系带。

漆奁盒

99BYYM6：1

东汉—晋（公元25—420年）

通高5.4、直径8厘米

1999年尉犁营盘墓地出土

新疆维吾尔自治区文物考古研究所藏

　　漆奁盒由器盖和器身套合而成，木胎。盖顶花纹可分为内、外两区，中间用1道粗红线和2道黄线隔开。内区中心绘12枚叶纹，叶尖之间空隙处填绘果实；外区绘11组内连弧纹，内填黄线勾边的小云头纹。盖边壁绘3道弦纹。出土时盒内盛粉红色粉扑1个、项链1串、白色粉粒少许。

带盖木奁盒

99BYYM7：10-1

东汉—晋（公元25—420年）

通高7.5、底径4厘米

1999年尉犁营盘墓地出土

新疆维吾尔自治区文物考古研究所藏

　　旋制。从口沿到器底有条裂缝，两侧用6根木钉修补。有盖。盖与器身作子母口，上腹部刻划5道弦纹。盖内壁平直，外壁圆弧，中心有细柄圆纽。纽顶刻划4道弦纹。出土时盒内盛料珠1粒、绢片1块。绢片有黑色痕迹，上插缝衣铁针1枚。针尾有小孔，针尖锋利。整体光亮如新。

木食盒

99BYYM14：3
东汉—晋（公元25—420年）
通高13、口径10.7、底径10.7厘米
1999年尉犁营盘墓地出土
新疆维吾尔自治区文物考古研究所藏

　　用有韧性的树皮圈成。重合处以藤条缝制。
盒身套合在底部外缘一道凹槽内，盖表面外弧，
底面内凹，其外缘饰有一周凹弦纹。盖面与盖身
上有3组略呈山字形的缝合点，中间刻有一圆形
凹坑。

漆盘

99BYYM23：2
魏晋（公元220—420年）
直径22.6厘米
1999年尉犁营盘墓地出土
新疆维吾尔自治区文物考古研究所藏

　　木胎，镟制。浅腹，平底。外壁通体紫黑漆，
内壁呈同心圆状相间紫黑、红漆。

"位至三公"铜镜

99BYYM25：1

东汉—晋（公元25—420年）

直径9.2厘米

1999年尉犁营盘墓地出土

新疆维吾尔自治区文物考古研究所藏

　　圆形，桥形纽。纽上下有直读铭文"位至三公"，两侧对称饰夔纹图案，外有一圈射线纹，宽平沿。

八连弧凹面圈带铭文镜

99BYYM7：14

东汉—晋（公元25—420年）

直径8.3厘米

1999年尉犁营盘墓地出土

新疆维吾尔自治区文物考古研究所藏

　　圆形，圆纽，圆纽座。中心向外均匀放射出四边形柿蒂纹（类似蝙蝠形叶纹），叶间各有一汉字铭，仅可看清一"三"字。一周细弦纹外为八内向连弧纹圈带。其外有凹面圈带一周。宽素平缘。原本已破成两面，背面用铜片焊接修复后继续使用。

铜手镯

95BYYM20：3

东汉—晋（公元25—420年）

直径6.5厘米

1995年尉犁营盘墓地出土

新疆维吾尔自治区文物考古研究所藏

黄铜铸成环形。

连珠、鳞纹缀织毛绦

92LS Ⅱ M6：CR

东汉（公元25—220年）

残长13.5、宽16.5厘米

1992年洛浦山普拉二号墓地出土

新疆维吾尔自治区文物考古研究所藏

缀织绦是裙摆的主要装饰之一，接在荷叶边编织绦的上面。此毛绦图案为联珠纹和鳞纹。

铜打纬器

91KRD：地表

汉—晋（公元前206—公元420年）

通长14.6、最宽处3.6厘米

1991年于田喀拉墩遗址采集

新疆维吾尔自治区文物考古研究所藏

　　铜制，纺织打纬工具，直柄，齿部均匀。

木打纬器

2006CD3AF1：2

南北朝—唐（公元420—907年）

通长19.5、最宽11.7厘米

2006年策勒丹丹乌里克遗址出土

新疆维吾尔自治区文物考古研究所藏

　　刷子形状，纺织打纬工具，柄部呈八棱形，下部呈半椭圆形。齿部均匀，制作精细。

叁

多元宗教的呈现

新疆地处丝绸之路的核心地段，是多元宗教交流汇聚之地。随着考古发现日渐增多、研究工作不断深入，对新疆古代宗教的认识逐步深化。

这一时期新疆考古工作者已经开始注意对环塔里木盆地佛教考古遗存的调查研究。与西方探险者偏重艺术不同，对古龟兹地区石窟的调查，推动了新疆佛教石窟科学框架的构建。识别出的汉风洞窟，显示了国家认同的深刻影响。塔克拉玛干沙漠佛教遗存的清理提供了重要的新资料。吐鲁番石窟的发掘是新理念思路的有效尝试。祆教、摩尼教、景教遗存也在这一阶段更多地被发现和研究。人们已经注意到，古代不同宗教的共存互鉴促进了彼此的发展与丰富。多元宗教的汇聚凸显了中华文化的包容，不同宗教的演变轨迹显示了中国化的努力从未间断，不同信仰人群的到来，是对中华文化的认同与趋向。

丹丹乌里克遗址，是塔克拉玛干腹地的重要遗址，唐代于阗杰谢镇所在。斯坦因曾在此攫取轰动世界的《鼠神图》《传丝公主》《波斯菩萨》《龙女图》等精美木板画与壁画。2002年中日联合考察队发掘的一座佛寺，清出壁画20余块，较清晰有佛像、骑士图、婆罗谜文题记等。

丹丹乌里克遗址

千佛壁画

2002CD4∶16
唐（公元618—907年）
纵约10.5、横约9.5厘米
2002年策勒丹丹乌里克遗址出土
新疆维吾尔自治区文物考古研究所藏

　　千佛。存5排约29身结跏趺坐禅定佛像，坐于简易的莲花座上。千佛造型基本一致，均作四分之三右侧视，右视的眼睛也采用了本佛寺中最具特色的飞眼手法。佛身着V形领套头袈裟，袈裟有红色、褐色和黑色三种颜色，间隔排列，在整齐划一中又富于变化。

吐峪沟石窟

　　吐峪沟石窟，是吐鲁番地区最早、最大的佛教石窟，古丝绸之路沿线的重要佛教遗址。古称"丁谷寺"，开凿于5—8世纪。发掘沟东北部石窟与地面佛寺一座，两处中心柱窟（大像窟）壁画风格与中亚犍陀罗风格较接近。出土了大量文书残片，包括汉文、粟特文、藏文、回鹘文、婆罗谜文等。

绢画

2010XST沟东K19-8

唐（公元618—907年）

长69.6、宽15厘米

2010年吐鲁番吐峪沟石窟出土

吐鲁番学研究院藏

　　上端见一着红色袈裟的小佛像，双手合十置于胸前，结跏趺坐于覆莲座上。画面中部为立姿僧人形象，饰头光，着通肩僧衣，脸略向左上仰视，手捧宝珠合于胸前，跣足立于仰莲上，莲下见水波。日本大谷光瑞探险队曾从吐峪沟劫走一件与此件绢画形制、内容相近的绢画，上题"口藏菩萨"字样，由此判断此件绢画所绘形象也可能为地藏菩萨。

六念文书

2011XST沟东崖下-34

唐（公元618—907年）

纵28、横8厘米

2011年吐鲁番吐峪沟石窟出土

吐鲁番学研究院藏

　　纸质，正反面皆有文字，行书，从右至左竖行排列，残存4行。文书卷首写有"第一念，此月大白月"等字，可知此件文书为佛教六念文书。2011年出土于吐峪沟石窟沟东北区崖下倒塌堆积中。

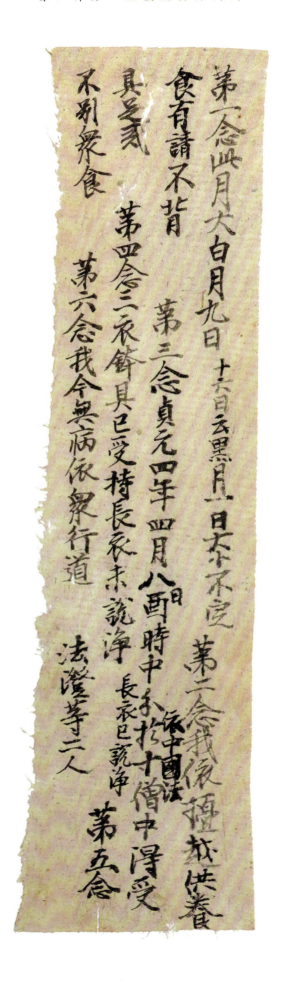

《大般若波罗蜜多经》写本残页

2017XSTK57-1
唐（公元618—907年）
纵25、横28厘米
2017年吐鲁番吐峪沟石窟出土
吐鲁番学研究院藏

　　楷书，残存15行，《大般若波罗蜜多经》第五百二十三卷，卷首中写有"三藏法师玄奘奉诏译"。2017年出土于吐峪沟石窟沟东区崖下K57中心柱窟西侧甬道淤积层中。

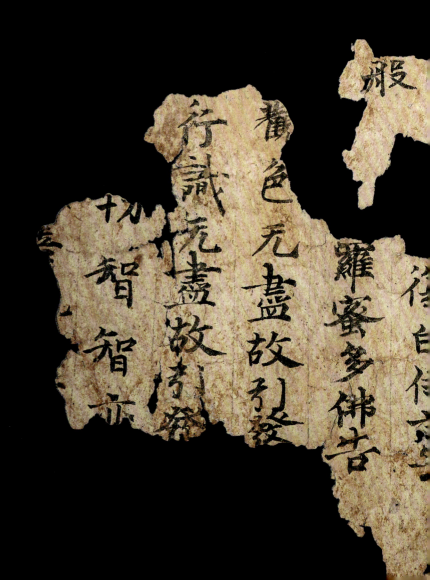

大般若波羅蜜多經

卷五百廿三

第二分方便善巧品第六之一

三藏法師玄奘奉　詔譯

爾時善現作是言如是般若波羅蜜多甚深

為甚深諸佛无上正菩提亦甚甚深般若波羅蜜多我當

問佛二甚深義任是念已便白佛言甚深般

菩波羅蜜多即佛无上

菩提諸佛无上

如是般若波

甚甚深不可

善現甚深般

現諸菩薩

无

願

如深般若

現諸菩薩

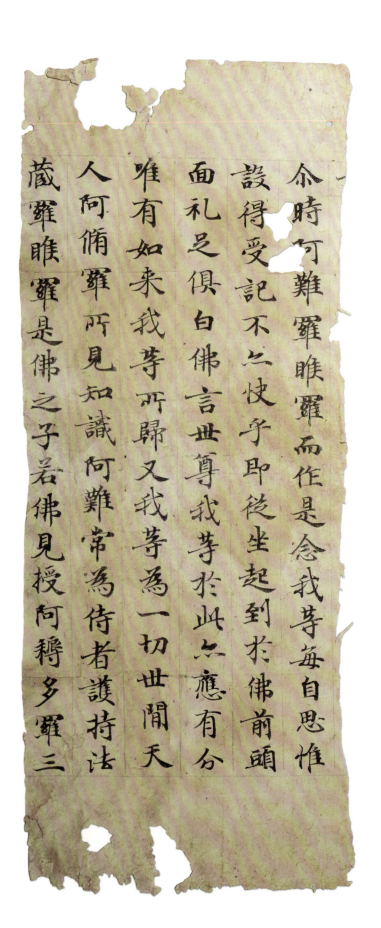

《法华经》写本残页

2015XSTK35-窟前-1
唐（公元618—907年）
纵27、横11厘米
2015年吐鲁番吐峪沟石窟出土
吐鲁番学研究院藏

　　纸质，楷书，残存6行，《法华经》卷四。
2015年出土于吐峪沟石窟沟西中部高台35号洞窟前
堆积中。

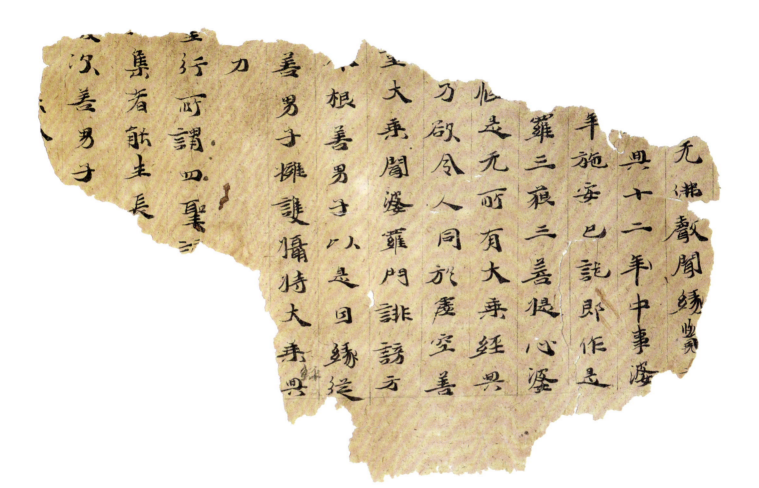

《大般涅槃经》写本残页

2015XSTK31中心柱顶部-6

唐（公元618—907年）

纵15、横24厘米

2015年吐鲁番吐峪沟石窟出土

吐鲁番学研究院藏

　　纸质，隶书，残存13行，《大般涅槃经》卷十一。2015年出土于吐峪沟石窟沟西中部高台区域31号中心柱窟窟顶堆积中。

《天山车坊典军》
文书残页

2011XST沟东崖下-34
唐（公元618—907年）
纵27、横29厘米
2011年吐鲁番吐峪沟石窟出土
吐鲁番学研究院藏

　　纸质，正反面皆有文字，行书，残存6行，文书卷首写有"天山车坊典军兵翟如宾"等字。2011年出土于吐峪沟石窟沟东北区崖下倒塌堆积中。

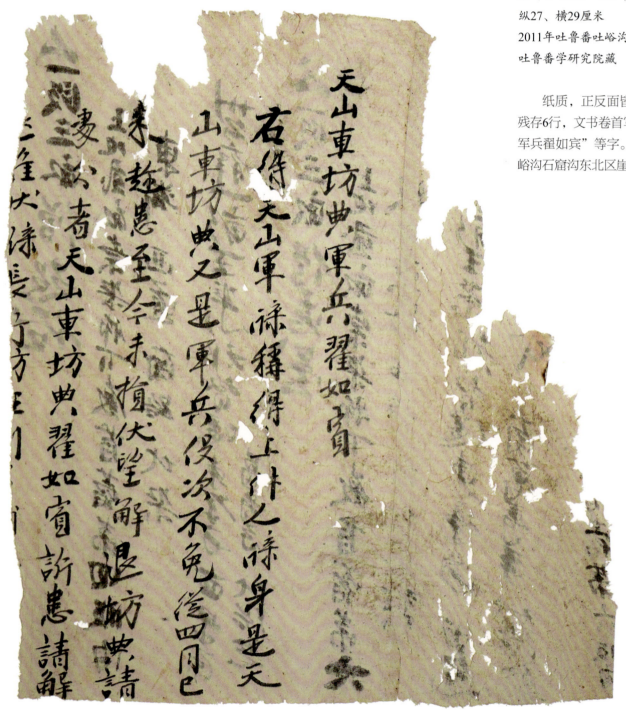

苏巴什佛寺遗址，是新疆现存规模最大、保存最完整、历史最悠久的佛教建筑遗址群。始建于魏晋，鼎盛于隋唐，有研究认为是文献所载雀离大寺、雀梨大寺或昭怙厘大寺。分东、西两寺，以佛塔为中心，四周围绕佛殿、僧房、洞窟等，是古龟兹长期作为西域佛教传播中心的历史见证。2014年，"丝绸之路：长安—天山廊道的路网"被列入《世界遗产名录》，苏巴什佛寺遗址是其中一处遗产点。

苏巴什佛寺遗址

彩绘龙首木雕

魏晋（公元220—420年）
长14.5、龙首径13厘米
库车苏巴什佛寺遗址出土
库车市龟兹博物馆藏

木雕刻、饰红色。

高昌故城，维吾尔语称之为"亦都护城"，意即"王城"，是西汉至元、明时期吐鲁番盆地中心城镇，历经西汉高昌壁、高昌郡、高昌国、唐代西州和高昌回鹘等时期，时间跨度长达1400年左右。城内的佛教遗址包括大佛寺、大佛寺北佛塔、东南佛寺和内城西墙上佛寺。

　　大佛寺位于高昌故城西南角，是城内现存最大的一座佛教寺院。为庭院式佛寺，平面呈长方形，东西长130、南北宽80米，占地面积约10400平方米。寺院坐西朝东，以寺门、殿庭、塔殿为中轴线展开布局，建筑配置具有规律性，以对称性布局为其主要特征。这种形制的佛寺在吐鲁番地区出现于唐末宋初，因此大佛寺应是高昌回鹘时期的建筑遗存。

铜佛头

2006TGDF23：3-2
高昌回鹘（公元866—1209年）
通高3.1、宽1.9厘米
2006年吐鲁番高昌故城大佛寺出土
新疆维吾尔自治区文物考古研究所藏

　　鎏金。佛头部有肉髻，面部圆润安详，大眼、宽鼻、厚唇，额际宽阔。头顶有一圆环，下颌处有一圆形基座，中空。

木牌

2009TS北：22
唐（公元618—907年）
长8.6、宽3.5厘米
2009年吐鲁番胜金口石窟出土
新疆维吾尔自治区文物考古研究所藏

　　表面多有裂痕，平面略呈长方形，顶端有一圆孔，孔内系结一截黄褐色布条。正反两面均雕刻纹饰。

交河城内有大小佛教建筑遗迹52处，总面积占交河故城建筑区的三分之一。城市的中心挺立着一座大佛寺，主要道路的两侧也散布着佛寺，交错的路口旁耸立着佛殿，市坊入口处建有佛堂，民居内也有佛坛，城北墓葬区还有塔林。

人面陶灯

高昌回鹘（公元866—1209年）
通高27.3、口径6.5、底径12厘米
1994年吐鲁番交河故城西北小寺出土
新疆维吾尔自治区文物考古研究所藏

　　夹砂红陶。陶灯呈直筒状，上部雕出一人面，
扇风耳，双眉长而下垂，双眼内凹，直鼻小嘴，留
稀疏的胡须，似为一老者形象。头顶内凹成一个圆
洞，用于盛油点灯。

泥塑花

94TJ地下寺院：29

宋—元（公元960—1368年）

径10.5厘米

1994年吐鲁番交河故城地下寺院出土

新疆维吾尔自治区文物考古研究所藏

　　圆形团花，模制。图案为凸起的花蕊、花絮、豆瓣状果实。中间椭圆凸起，为三瓣下垂的花蕊，下飘花絮。上、下为向外开放的蕊，两侧为略垂的果实，果实旁为下飘的絮。背为蘑菇状凸起。是插在身体中的部分，中有一细孔。

佛足印模

南北朝（公元420—589年）

左：长12.3、宽10.5厘米

右：长12.2、宽11.3厘米

皮山杜瓦遗址出土

和田地区博物馆藏

　　一对，为大型佛造像的足部而单独制作的模范，同组还包括不同主题和部位的范，制作成型后再进行拼接组装。

毛毯

北朝—隋（公元494—618年）

长114、宽109厘米

2008年洛浦比孜里佛寺出土

和田地区博物馆藏

　　近方形，中心人物处织有婆罗谜文字母于阗文，意为"苏摩（灵汁）献给萨波梅里"，推测此毯为祭祀活动所用的物品。

　　新时代，新疆考古也进入了一个新的发展阶段，深刻检视既往，探索新的研究范式和话语体系，聚焦重大学术问题，深入发掘和阐释中华文明特性。

　　随着新疆地区旧石器遗址的发现，涉及早期人类迁移的关键性问题有了重大推进。人类对自然资源的开发利用，以及与环境的适应性发展，突显了东方智慧。

　　伊犁河畔，蒲类之滨，从先秦时代到历史时期遗存的考古，深入勾画了中华民族共同体形成发展的历程。

　　西暨流沙，九州攸同，"两汉魏晋军政建置体系考古""唐代军政建置体系考古"等"考古中国"项目系统开展，揭示了历代中央政权对新疆的有效治理，展示了中华文明的统一性。

第四部分

前行砥砺致高远

壹

中华文明探源
新疆篇章的展开

经过前辈学人数十年的辛勤耕耘和积淀，对新疆古代文化的认识有了长足进步，但一些重点和难点问题仍亟待解决。厘清思路、明确方向、加强统筹规划、聚焦攻关克难，成为新时期新疆考古肩负的首要任务。中国各项事业的飞速发展，为新疆考古进一步升华提供了强大的社会支撑。

人类起源，特别是中国西北地区早期人类发展，国际国内学术界关注已久。通天洞旧石器时代遗存的发现，将新疆地区早期人类历史上溯至距今5万年。随之铺开的区域调查，对旧石器时代的认识日益丰富。

伊犁、阿勒泰、哈密、吐鲁番及博州等地史前考古新发现不断涌现，区域性梳理渐次展开，逐渐形成体系化认知。对新疆史前文化认识的推进，表明在中国特殊的大地理单元背景下，从远古时代开始，中国文明就有自身独特的面貌和发展道路，文明的向心力和凝聚力不断增强。

通天洞遗址位于阿尔泰山南麓，是新疆第一处考古发掘的旧石器时代晚期遗址，年代距今约5万年。同时发现旧石器时代至早铁时代连续地层，为构建北疆史前考古文化年代序列提供了重要基点。出土目前国内年代最早的距今5200年的大、小麦碳化颗粒。入选2017年度"全国十大考古新发现"。

通天洞遗址

石器

旧石器时代（距今约5万年）
最长一件20、最宽一件10厘米
2017年吉木乃通天洞遗址出土
新疆维吾尔自治区文物考古研究所藏

　　一组5件。其中旧石器4件，包括2件刮削器、1件勒瓦娄瓦尖状器及1枚石核。另有青铜时代（约公元前2500年）坩埚1件。

北疆地区史前墓地

　　近年来准噶尔盆地周缘哈巴河阿依托汗一号墓地的发掘，填补了青铜时代早期遗存的缺环；布尔津图瓦新村墓地、青河强坎河墓地、沙湾宁家河水库墓地、沙湾大鹿角湾墓地等跨越青铜时代至早期铁器时代甚至历史时期的墓地，也为构建、完善区域历史文化框架提供了新材料，成为主动性发掘的重要补充。

金虎

2022XATM9：2
春秋战国（公元前770—前221年）
长7.99、高2.95厘米
2022年阿勒泰塔尔浪墓群出土
新疆维吾尔自治区文物考古研究所藏

　　金质，老虎呈趴卧状。

鹿首铜饰

2013ABTM1：5
春秋战国（公元前770—前221年）
通长6.5厘米
2013年布尔津图瓦新村墓地出土
新疆维吾尔自治区文物考古研究所藏

　　立体镂空铸成，鹿角三环相连，鹿睛圆睁，吻部狭长，耳下镂空。

包金木马

2022QQⅠM5：2
战国（公元前475—前221年）
高8.2、宽4厘米
2022年青河强坎河墓地出土
新疆维吾尔自治区文物考古研究所藏

　　木马和底座用整木削成。底座削制成倒三角形，上边削制出宽棱，表面涂红。木马呈站立姿态，前后足分立于宽棱两端。面部朝下，四足笔挺，马身包裹金箔片，马身上缺失，仅存两肢处的金箔片。

箭镞

2021TTNM4：3
铜石并用时代（约公元前3000年）
长1.9—3.4、宽0.9—1.9、厚0.3—0.6厘米
2021年托里那仁苏墓地出土
新疆维吾尔自治区文物考古研究所藏

　　一组15件。石质，尖状，双翼。

陶罐

2014HAIM22：1
铜石并用时代（公元前2900—前2500年）
通高25、口径10.4厘米
2014年哈巴河阿依托汗一号墓地出土
新疆维吾尔自治区文物考古研究所藏

　　夹砂红陶，手制。侈口，平沿，束颈，溜肩，弧腹，圜底。外壁颈部戳压短线纹，肩至腹部刻划纹，戳印圆点纹。近底部刻划6圈弦纹。在弦纹与水波纹间还刻划有一组垂帐纹。

羊首角觿

2014XTSDM11：1
战国—西汉（公元前475—公元25年）
长25.1厘米
2014年沙湾大鹿角湾墓地出土
新疆维吾尔自治区文物考古研究所藏

　　兽骨磨制。锥形，中部略弯。觿首部雕刻出羊首形象，羊身有3个穿孔。端部磨尖。器形修长，磨制光滑。

野猪头骨雕

2017XAKM1：10
战国—西汉（公元前475—公元25年）
通长5.5厘米
2017年新源阿尤赛沟口墓群出土
新疆维吾尔自治区文物考古研究所藏

　　以一节动物骨头雕刻成一野猪头形象，雕工精湛，制作精良，一端有斜向穿孔。

银项圈

2011SNM112：3
西汉（公元前206—公元25年）
直径16厘米
2011年沙湾宁家河水库墓地出土
新疆维吾尔自治区文物考古研究所藏

　　用一根粗细不均的银丝卷曲成圆环状，两端交错。

西天山地区青铜时代遗址

博尔塔拉河流域阿敦乔鲁遗址、呼斯塔遗址由大型石构建筑与墓葬群构成，绝对年代在公元前1600—前1400年，是研究早期游牧人群和东西方文化交流的重要遗存。伊犁河谷吉仁台沟口遗址由居址和高台墓葬构成，年代为公元前1600—前1000年，居址区发现世界最早的人工用煤遗迹，高台墓葬坟冢内有放射状石带，发现骨质冰鞋、木质车辆等遗物。吉仁台沟口遗址入选2018年度"全国十大考古新发现"。

冰鞋

2022NGQ11：1
青铜时代（公元前1600—前1000年）
长约22厘米
2022年尼勒克吉仁台沟口遗址高台遗存出土
新疆维吾尔自治区文物考古研究所藏

骨质，长条状，两端对钻孔，用于穿绳捆绑。

冰鞋

2022NGQT25⑥：16

青铜时代（公元前1600—前1000年）

长约22厘米

2022年尼勒克吉仁台沟口遗址高台遗存出土

新疆维吾尔自治区文物考古研究所藏

　　骨质，长条状，两端对钻孔，用于穿绳捆绑。

近年发掘东天山地区史前遗存丰富。哈密巴里坤海子沿遗址发掘大型石构房址及墓葬、灰坑等，年代为公元前1300—前800年。房址历经三次改建，建筑结构反映出生业方式的转变。哈密亚尔墓地发掘墓葬近500座，主要有竖穴土坑、竖穴土坯二层台墓，出土实心木车轮反映出马车在古代新疆的传播；柳树沟遗址发掘墓葬百余座、房址2座，普遍存在地面祭祀小龛，具有浓郁祭祀特征。上述两处墓地与焉不拉克文化联系密切。

环首铜刀

2012HWYM447：3
青铜时代（公元前1300—前800年）
通长14.5厘米
2012年哈密亚尔墓地出土
新疆维吾尔自治区文物考古研究所藏

弧刃，环首，柄刃分界明显。

人形铜饰

2012HWYM402：6
青铜时代（公元前1300—前800年）
通长6.4、通宽2.2厘米
2012年哈密亚尔墓地出土
新疆维吾尔自治区文物考古研究所藏

铜质，形似人形，双手叉腰状。

铜牌

2012HWYM178：6
青铜时代（公元前1300—前800年）
直径3.7厘米
2012年哈密亚尔墓地出土
新疆维吾尔自治区文物考古研究所藏

　素面，圆形，具纽。

铜牌

2012HWYM106：2
青铜时代（公元前1300—前800年）
直径4.4厘米
2012年哈密亚尔墓地出土
新疆维吾尔自治区文物考古研究所藏

　素面，圆形，具纽。边缘稍残。

铜牌

2012HWYM369：3
青铜时代（公元前1300—前800年）
直径4.4厘米
2012年哈密亚尔墓地出土
新疆维吾尔自治区文物考古研究所藏

　素面，圆形，具纽。

铜铃

2012HWYM460：6
青铜时代（公元前1300—前800年）
高1.8—5.3厘米
2012年哈密亚尔墓地出土
新疆维吾尔自治区文物考古研究所藏

共8件。宝塔形，中空，顶端及一周均有孔。

石勺

2012HWYM214：5
青铜时代（公元前1300—前800年）
通长5.2、勺径2.5—2.9厘米
2012年哈密亚尔墓地出土
新疆维吾尔自治区文物考古研究所藏

石质，圆形勺，具柄。

双系彩陶罐

2012HWYM459：1
青铜时代（公元前1300—前800年）
通高18.8、口径12、底径6.7厘米
2012年哈密亚尔墓地出土
新疆维吾尔自治区文物考古研究所藏

　　夹细砂红陶，手制，红底黑彩。直口，直领，鼓腹，平底，颈肩双系耳。口沿及腹部饰弧线纹。

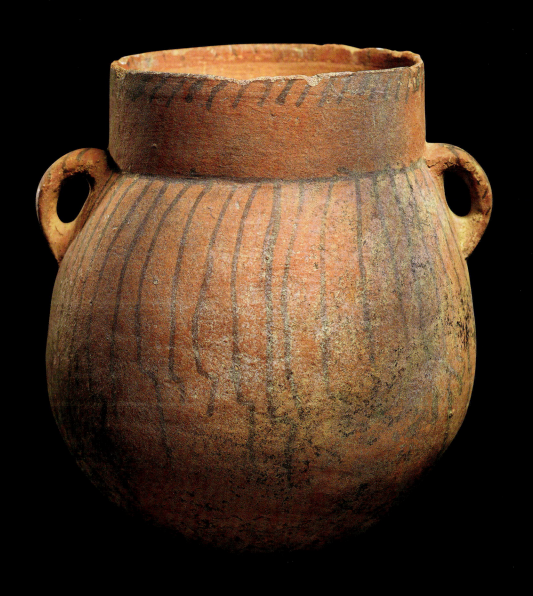

双腹耳彩陶壶

2012HWYM287：4

青铜时代（公元前1300—前800年）

通高12.6、口径6厘米

2012年哈密亚尔墓地出土

新疆维吾尔自治区文物考古研究所藏

　　夹细砂红陶，手制，红衣黑彩。直口，高领，鼓腹，平底，腹部有双系耳。口沿内外饰倒三角纹，腹部饰连弧纹。

单耳彩陶杯

2012HWYM234∶1
春秋战国（公元前770—前221年）
通高9、口径8.8厘米
2012年哈密亚尔墓地出土
新疆维吾尔自治区文物考古研究所藏

　　夹细砂土黄陶，饰黑彩。微敞口，直领，鼓腹，平底，沿肩单耳。口沿外饰倒三角纹，腹部饰连弧纹。

觚形杯

2013HLM20：1

青铜时代（公元前1300—前800年）

通高10.7、口径6.9、底径5.7厘米

2013年哈密柳树沟墓地与遗址出土

新疆维吾尔自治区文物考古研究所藏

　　口沿略残。夹砂褐陶。侈口，圆唇，束颈，筒形腹，单耳，平底。素面，底部有烟炱痕迹。

阜康白杨河墓群，是中天山地区博格达山北麓发掘规模最大的墓群，发掘墓葬610余座，其中公元前1200—前900年青铜时代晚期墓葬流行石棺葬，公元前5世纪至公元前2世纪高等级墓葬中出现殉牲，是天山北麓新疆史前人群变迁、文化交往在丧葬习俗上的折射。另有晚期墓葬可延续到唐宋元时期。

阜康白杨河墓群

金坠饰

2017FBVM14：5
春秋战国（公元前770—前221年）
通长11.2厘米、重21.45克
2017年阜康白杨河墓群出土
新疆维吾尔自治区文物考古研究所藏

　　由大环及套挂的小环、珠饰等组成，中部巧饰箭囊，末端缀1颗扁圆绿松石珠。小环一侧伸出，缀轧小金珠，穿缀红玛瑙珠等。坠饰末端塔状珠密饰小金珠。该金饰以金色为主调，黄、白、黑、红、绿五色相映，精巧艳丽，为欧亚草原黄金艺术精品。

金耳环

2017FBVM14：6
春秋战国（公元前770—前221年）
通长5.6厘米
2017年阜康白杨河墓群出土
新疆维吾尔自治区文物考古研究所藏

　　由套挂的金环、红玉髓珠和小金珠组成。小金珠4颗一组，上下叠压，分饰于小环和末端塔状珠顶部、腹部，共8组；塔状珠中部、底部各环绕一周小金珠。耳环造型别致，工艺精湛，体现了早期铁器时代欧亚草原黄金工艺水平。

和硕红山墓群和阿合奇哈拉奇墓地，是近年在南疆地区发掘的两处重要史前遗存。前者地处中天山南麓小盆地内，由乌兰托里盖、红山等墓地组成，出土大量几何纹构图的带流彩陶器，明显属于察吾呼文化传统。后者地处西天山南麓托什干河岸，墓葬类型多，年代跨度大，以早期铁器时代遗存为主。出土动物形金饰、动物纹铜马具等遗物，具有浓厚草原文化特征。

南疆地区史前墓地

鹰爪状带饰

2023KAHM121：9
战国—西汉（公元前475—公元25年）
长10、宽3厘米
2023年阿合奇哈拉奇墓地出土
新疆维吾尔自治区文物考古研究所藏

青铜质，J形，带纹饰。

鹰爪状带饰

2023KAHM48：10
战国—西汉（公元前475—公元25年）
长7、宽3厘米
2023年阿合奇哈拉奇墓地出土
新疆维吾尔自治区文物考古研究所藏

青铜质，J形，带纹饰。

铜泡

2023KAHM121：7
战国—西汉（公元前475—公元25年）
直径5、孔径0.2厘米
2023年阿合奇哈拉奇墓地出土
新疆维吾尔自治区文物考古研究所藏

青铜质，圆形，泡状。

单耳带流彩陶罐

2015HWM15：1
春秋战国（公元前770—前221年）
高17.1、口径9—11、腹径13.8、底径5.3厘米
2015年和硕乌兰托里盖墓群出土
新疆维吾尔自治区文物考古研究所藏

　　微侈口、圆唇，短流上翘，流嘴下翻，微束颈、鼓腹，单耳，小平底。浅褐色陶衣，黑、红彩。内口及器腹涂红；外口及颈部饰黑彩，器耳两侧饰卷云纹，余处饰菱格纹，二者连接处错乱交叉。底部一周有烟炱痕。

单耳带流彩陶罐

2015HWM8：13
春秋战国（公元前770—前221年）
高13.2、口径10.9—14.2、腹径13.6、底径10.7厘米
2015年和硕乌兰托里盖墓群出土
新疆维吾尔自治区文物考古研究所藏

　　微敛口，圆唇，宽短流，鼓腹，单耳，平底。白灰色陶衣，通体饰红彩，纹饰以流口和单耳连线为轴对称分布，虚实相间。流下绘有6组平行倒三角纹，每组5个，上2组三角涂红，下4组填3道平行短斜线；其两侧各有2组网格纹，间隔填2道横线；两侧各饰2组三角纹，内填3道平行短斜线；最后一组为实心三角纹。图案对称，讲究虚实。

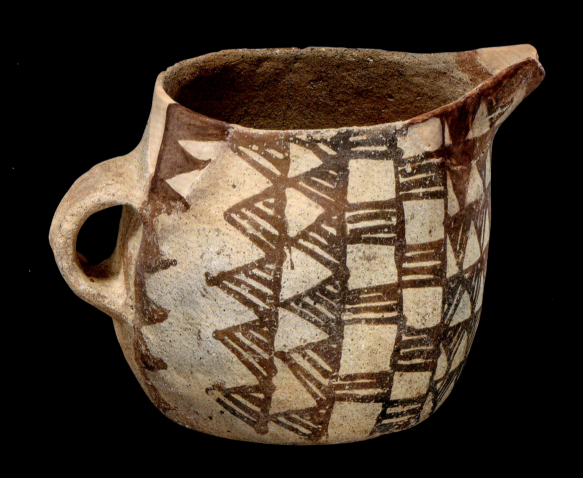

单耳彩陶罐

2015HWM16：1
春秋战国（公元前770—前221年）
高11.6、口径6.8、腹径10、底径4.8厘米
2015年和硕乌兰托里盖墓群出土
新疆维吾尔自治区文物考古研究所藏

　　侈口，尖唇，微束颈，垂腹，口腹单耳，平底略圜。浅褐色陶衣，红、黑、浅褐色彩。内外口及器耳饰倒三角纹。器腹饰倒、正相间三角纹。倒三角纹4个；正三角纹5个，内涂红。倒、正三角间涂红饰5个褐色圆点。

单耳带流彩陶罐

2015HHM11：28

春秋战国（公元前770—前221年）

通高15.5、口径11.3—14.8、底径9厘米

2015年和硕红山墓地出土

新疆维吾尔自治区文物考古研究所藏

侈口，方唇，短流上翘，微束颈，直壁微鼓，单耳，平底。白灰色陶衣，红彩，口内外及耳抹红，颈及上腹饰成组的折线三角纹。图案简单，线条流畅。

单耳带流彩陶罐

2015HHM5：5

春秋战国（公元前770—前221年）

高15.6、口径8.5—10.4、腹径12.6、底径5.1厘米

2015年和硕红山墓地出土

新疆维吾尔自治区文物考古研究所藏

　　微侈口，方唇，短流上翘，流口下翻，微束颈，鼓腹，单耳，小平底。白灰陶衣，红彩。颈部、下腹及内口抹红，外口及上腹饰两周黑色网格纹饰带。线条简单，构图写意。

贰

中华民族共同体的
考古探索

墓葬是现实世界的投射，也是文化和价值认同的延伸。准确揭示、深入阐发新疆古代人群生业状态、礼仪习俗、文化观念和价值观念，是新时代新疆考古工作的重要关注点。

吐鲁番巴达木等一系列墓地的考古发掘，以及库车友谊路墓地的新发掘，呈现了中华文化的主导地位，以及古代人群对于中华文化的深厚认同和情感寄托。

乌拉斯台、巩乃斯、喀拉苏等墓地的考古，展示了在统一国家背景下，不同区域人群创造性发展、相互交流借鉴的生动场景。交流促进发展，交融共创辉煌。

历史时期，不同区域人群的地方差异，构成了新疆古代丰富多彩的面貌，并汇聚融合成中华文化的组成部分，同时也凸显出中华文化的宽广的基础和蓬勃的生命力。

哈巴河喀拉苏墓地，是阿勒泰戈壁草场上的一处墓地，已清理墓葬53座，分战国、汉晋、隋唐三个时段，其中M15随葬马13匹，规模大、规格高、随葬品极为丰富，是新疆目前考古发掘中发现殉葬马匹数量最多的一座墓葬。

哈巴河喀拉苏墓地

扇形金箔

战国（公元前475—前221年）
单件通高5.4—5.6、最宽5.3—5.5厘米，
均重0.22—0.23克
2014年哈巴河喀拉苏墓地出土
新疆维吾尔自治区文物考古研究所藏

　　一组20件，以金箔剪刻而成，扇形内有波折三角，在木棺中发现，数量较多。

菱形金箔

战国（公元前475—前221年）
单件残长8.9—9.1、宽5.1—5.3厘米，均重0.42—0.44克
2014年哈巴河喀拉苏墓地出土
新疆维吾尔自治区文物考古研究所藏

　　一组16件，以金箔剪刻而成，菱形内以曲折枝
条构成两个区域，每个区域内有一只小鸟，相向构
图。在木棺中发现，数量较多。

虎形金箔

战国（公元前475—前221年）
单件通高6.8—7.1、身长6.4—6.5厘米，
均重0.51—0.53克
2014年哈巴河喀拉苏墓地出土
新疆维吾尔自治区文物考古研究所藏

　　一组16件，以金箔剪刻而成，形
象生动，背上剪刻出简单翅膀。在木
棺中发现，数量较多。

金柄铁刀

2014AHKM15：2
战国（公元前475—前221年）
长31、宽5厘米，重122.62克
2014年哈巴河喀拉苏墓地出土
新疆维吾尔自治区文物考古研究所藏

柄首装饰有模压出蜷曲狼图案的金板，柄身装饰有模压出两个狼首的金板，出土于墓主腰带处。

包金马镳

2014AHKM15六号马
战国（公元前475—前221年）
上：长14.1、宽1.5厘米
下：长14.7、宽1.6厘米
总重121.96克
2014年哈巴河喀拉苏墓地出土
新疆维吾尔自治区文物考古研究所藏

共2件。铜制，略呈S形。一根为装饰，包金；另一根有双孔。出土于六号殉马头部。

包金马镳

2014AHKM15：7十一号马

战国（公元前475—前221年）

长12.2、宽2厘米，重14.34克

2014年哈巴河喀拉苏墓地

新疆维吾尔自治区文物考古研究所藏

出土于十一号马首附近。

包金铜饰件

2014AHKM15：10

战国（公元前475—前221年）

长5.6、宽4.4厘米，重23.33克

2014年哈巴河喀拉苏墓地出土

新疆维吾尔自治区文物考古研究所藏

　　铜制，口字形，上宽下窄，包金，出土于木棺之中。

包金铜饰件

2014AHKM15马十一：2

战国（公元前475—前221年）

长4.5、宽2.7厘米，重19.76克

2014年哈巴河喀拉苏墓地出土

新疆维吾尔自治区文物考古研究所藏

　　主体为一头戴冠饰、身穿对襟上衣的人物形象，下端形似月牙，出土时外包织物，装饰在马首。

包金铜饰件

2014AHKM15马十一：6
战国（公元前475—前221年）
长4.5、宽2.7厘米，重19.76克
2014年哈巴河喀拉苏墓地出土
新疆维吾尔自治区文物考古研究所藏

　　主体为一头戴冠饰、身穿对襟上衣的人物形象，下端形似月牙，出土时外包织物，装饰在马首。

包金铜泡

2014AHKM15：10
战国（公元前475—前221年）
直径5.35、高1.5厘米，重15.55克
2014年哈巴河喀拉苏墓地出土
新疆维吾尔自治区文物考古研究所藏

　　铜制，圆泡状，背有横带状组，包金。木棺内出土。

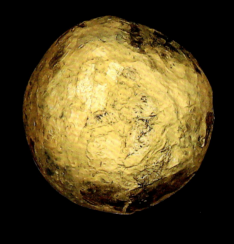

包金铜泡

2014AHKM15：9
战国（公元前475—前221年）
直径5.35、高1.5厘米，重15.56克
2014年哈巴河喀拉苏墓地出土
新疆维吾尔自治区文物考古研究所藏

　　铜制，圆泡状，背有横带状组，包金。木棺内出土。

包金铜泡

2014AHKM13：21

战国（公元前475—前221年）

直径3.9、高0.92厘米，重3.1克

2014年哈巴河喀拉苏墓地出土

新疆维吾尔自治区文物考古研究所藏

　　铜制，圆泡状，背有横带状纽，包金。出土于木棺中。

包金铜饰件

2014AHKM13马头：2

战国（公元前475—前221年）

长3.7、宽1.6厘米，重1.34克

2014年哈巴河喀拉苏墓地出土

新疆维吾尔自治区文物考古研究所藏

　　应为马笼头皮索外面裹着的装饰件。

金饰

2014AHKM15（D3E3E4）：4

战国（公元前475—前221年）

长10.6、宽2.8厘米，重11.9克

2014年哈巴河喀拉苏墓地出土

新疆维吾尔自治区文物考古研究所藏

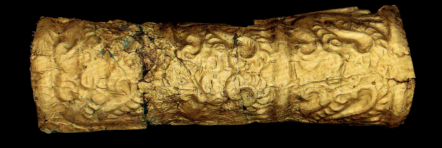

　　模压出变形鸟纹等繁缛纹饰的金箔包在弯曲铜板上，铜板近似剖开的铜管，该饰为铜管外面的装饰件。

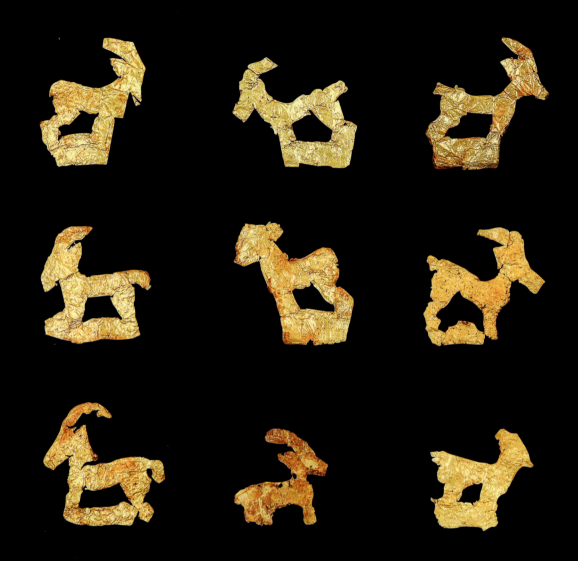

金箔饰

2014AHK15（D3E3E4）

战国（公元前475—前221年）

总重0.37克

2014年哈巴河喀拉苏墓地出土

新疆维吾尔自治区文物考古研究所藏

一组9件。以金箔剪刻成羊形，在木棺中发现，数片较多。

金箔饰

2014AHKM15
战国（公元前475—前221年）
总重1.23克
2014年哈巴河喀拉苏墓地出土
新疆维吾尔自治区文物考古研究所藏

　　1组9件。长方形，对角线汇聚处为一圆形，背后为一薄铜饰件，铜饰件后有木衬，在木棺中发现，数量较多。

铜杯

2014AHKM40：1
唐（公元618—907年）
残长10.9、残宽10.5、残高9厘米
2014年哈巴河喀拉苏墓地出土
新疆维吾尔自治区文物考古研究所藏

　　单环把手折肩瓜棱铜杯，为典型
突厥式铜器。

库车友谊路墓群，为古龟兹地区大型公共墓地，自春秋战国延续至宋元明清时期，其中魏晋十六国高等级墓葬完全采用中原砖室墓结构，是目前新疆考古发现唯一砖室墓群。墓地延续时间长、墓葬类型丰富，是新疆多元文化和多民族聚居的典型代表遗存。入选2007年度"全国十大考古新发现"。

秤砣

2023XKYT227：1

十六国（公元304—439年）

直径4.3、高3厘米

2023年库车友谊路墓群出土

新疆维吾尔自治区文物考古研究所藏

　　由青铜铸成，器身上圆下平，器顶有圆纽，纽上有穿孔。

陶俑

2023XKYT16M605：2

十六国（公元304—439年）

通高5、最宽4厘米

2023年库车友谊路墓群出土

新疆维吾尔自治区文物考古研究所藏

　　泥质红陶，捏塑制成。俑身呈蹲伏状，左臂呈拂面状。器耳、口、鼻戳孔制成。俑身制作简单，面部表情呆萌。

炭精手镯

2023XKYT07M608：8

十六国（公元304—439年）

内径6、外径8.5、厚1.5厘米

2023年库车友谊路墓群出土

新疆维吾尔自治区文物考古研究所藏

　　黑色，圆环状，由炭精石制成。

六系罐

2023XKYM576：1
十六国（公元304—439年）
通高22.5、口径9.3、底径10.5厘米
2023年库车友谊路墓群出土
新疆维吾尔自治区文物考古研究所藏

　　泥质红陶，轮制。盘口，平沿，圆唇，束颈，
溜肩，鼓腹，平底。系对称地分布于罐体两侧，呈
品字形排列，颈部有4道横向凹弦纹，肩部和腹部
各有2道横向凹弦纹。

天山地区历史时期墓葬

　　近年在天山谷地、山麓考古发掘了少量汉代及唐宋时期墓葬，其中不乏高等级墓葬。和静乌拉斯台唐墓中，随葬镶金木质马鞍、戗金绣织品、海兽葡萄纹铜镜、粟特银杯、箭箙等；巩乃斯唐墓中，有来自中原的三乐镜等随葬品；吉木萨尔、奇台、阜康三地同名的白杨河墓地，在唐宋时期的墓葬中，随葬宝花纹绫、鎏金铜带扣、海兽葡萄纹铜镜、箭箙以及殉牲（马）等。这些遗存既体现出浓厚的游牧文化气息，也反映了多元文化的交融。

  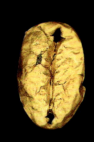

包金铜贝

2019XHWM2-4
西汉（公元前206—公元25年）
最长1.9、最宽1.5厘米
2019年和静县乌兰英格墓地出土
新疆维吾尔自治区文物考古研究所藏

　　一组6件。金箔片包裹铜贝制成，两端带有圆形穿孔，用于装饰衣物。

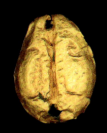  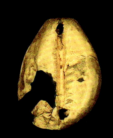

狮纹金箔片

2019XHWM2-7
西汉（公元前206—公元25年）
直径1.6、孔径0.2厘米
2019年和静县乌兰英格墓地出土
新疆维吾尔自治区文物考古研究所藏

　　器物中部有雄狮头部形象纹饰，边缘处带有圆形穿孔，用于装饰衣物。

三乐镜

2022BHGM25：13
唐（公元618—907年）
直径13、厚0.3厘米
2022年和静巩乃斯白桦林墓地出土
新疆维吾尔自治区文物考古研究所藏

青铜质，圆形，带纽。

马镫

2022BHGM25：17

唐（公元618—907年）

通高16.6、宽11.1厘米

2022年和静巩乃斯白桦林墓地出土

新疆维吾尔自治区文物考古研究所藏

一组2件。青铜质，大致呈圆形，带镫鼻。

玉饰

2021XHWM18：1

唐（公元618—907年）

通长5、环首直径3、厚0.5厘米

2021年和静乌拉斯台墓地出土

新疆维吾尔自治区文物考古研究所藏

和田白玉。环状，一端有锥尖。

叶纹褐色绫地蹙金绣残片

2021XHWM8-1：11
唐（公元618—907年）
长约20、宽8厘米
2021年和静乌拉斯台墓地出土
新疆维吾尔自治区文物考古研究所藏

　　为蹙金绣残片，织物四边向背面折缝成长方形，局部破损、缺失。绣地为深褐色斜纹绫，上存4片叶状纹样，以片金线盘结出花纹主体，以浅褐色线固定金线，以深褐、浅褐两色蓬松的弱捻丝线用排针法绣出叶纹中部。纹样光色相衬，富有层次感。同类蹙金绣织物，在陕西法门寺唐代地宫以及敦煌莫高窟曾有出土，出自新疆天山深处高等级墓葬中的这件丝绸珍品应来自中原地区。织物出土时贴附于一件描金马鞍上，推测为鞍鞯上的装饰。

鎏金铜带扣

2016JBM2

唐（公元618—907年）

凸形饰长8、宽6.2厘米；长方形饰长3.8—4.5厘米；

舌扣长5.9、宽4.2厘米

2016年吉木萨尔白杨河墓地出土

新疆维吾尔自治区文物考古研究所藏

缝缀于皮带上，皮带残朽，带具散落于马头附近。
带具由带扣、饰牌、带环、铊尾组成。鎏金，器表浅浮
雕忍冬花。

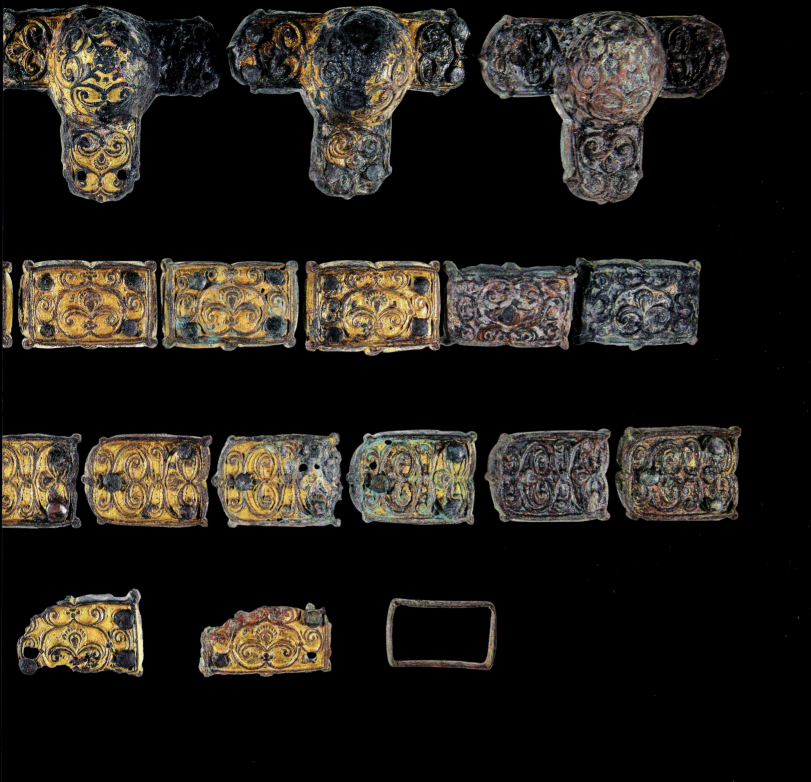

方形海兽葡萄镜

2016JBM21①
唐（公元618—907年）
边长8.9厘米
2016年吉木萨尔白杨河墓地出土
新疆维吾尔自治区文物考古研究所藏

　　伏兽纽，方形凸棱将镜背分为内外两区。内区高浮雕四只瑞兽配列伏兽纽四周，周围填以葡萄枝叶；外区浮雕缠绕的葡萄枝蔓及葡萄串，间以鸟兽和蜂蝶。

铜耳环

2016XQBⅠM24：2
唐（公元618—907年）
直径4.3、孔径0.8厘米
2016年奇台白杨河墓群出土
新疆维吾尔自治区文物考古研究所藏

　　算珠状，中空，环径一端有缺，左右耳环形状、尺寸基本一致。

骨簪

2017FBIV30：1

唐（公元618—907年）

通长16.2厘米

2017年阜康白杨河墓群出土

新疆维吾尔自治区文物考古研究所藏

　　用动物骨片雕刻而成，线条简洁流畅，形似一只简体的长尾鸟。

人面角觽

2017FBIV21：1

唐（公元618—907年）

残长15.8厘米

2017年阜康白杨河墓群出土

新疆维吾尔自治区文物考古研究所藏

　　用动物骨雕刻而成，顶端及一侧有残铁条，末端尖锐。角觽以一周凸棱为界，上端简刻人面五官及对称的圆涡、几何图案，下端光滑、弯曲。

宝花纹绫

2017FBSM7：12

唐（公元618—907年）

上：长40、宽19厘米

下：长55、宽17厘米

2017年阜康白杨河墓群出土

新疆维吾尔自治区文物考古研究所藏

　　宝花纹绫为烟色地，以纬向间次排列的两组纹饰为主，一组为四瓣花开光内填"水景蝶恋花"图样，一组为八瓣菱花开光内填"瓜瓞绵绵"图样，两种图样次第排列，间以逐渐外扩的水纹作地。两片宝花纹绫图样精美，是唐宋诗意入画、入织的典范，具有较高的艺术和研究价值。

绛地穿璧花卉兽纹锦

2016RWM1：6
东汉—晋（公元25—420年）
幅宽约51、长14.2厘米
2016年若羌瓦石峡墓地出土
新疆维吾尔自治区文物考古研究所藏

　　为一整幅织锦，由中央至两侧对称排列图案，依次为穿璧纹、花草纹、有翼对鹿纹、对兽纹。整幅共织有三个穿璧纹，以中部的玉璧为轴，两边对称穿插缠绕花草纹。两侧边分别织有有翼对鹿纹、对兽纹。此件织物上可见绿色璧身上以浅黄色经线织出圆点装饰纹，可能为谷纹璧一类。璧上部和下部还有以蓝色和绿色经线织出的穿带图案，呈V形分别从上下穿过。

鸮形骨饰

17XSSIIM8：4

宋—元（公元960—1368年）

通高约4.3厘米

2017年石河子十户窑墓群出土

新疆维吾尔自治区文物考古研究所藏

　　整体呈蹲立状鸮形，背面平整。上端中部以线雕的手法，刻划出扁圆形的头部，上有网格状刻划纹，四周以浮雕的手法，雕刻出放射状羽毛，造型生动；中段有两并列的圆形穿孔，似为鸮的眼部；下端以线雕刻划出腹部的弧线，腹部中心有一圆形穿孔，孔内均嵌有柱状铁器，铁器锈蚀严重。

吐鲁番巴达木东墓地中的一座高等级墓葬，墓主为唐中散大夫恒王府长史摄北庭副都护程奂，出土墓志等珍贵文物，对研究唐王朝对西域的管辖治理，以及北庭都护府所辖西州军政建置具有重要的史料价值。

叁

国家治理体系的考古探索

城市是集中体现一个时代文明的有效载体，也是历代中央政权有效治理新疆的有力支撑、中华民族共同体发展历程的重要见证、中华文化的关键地标。系统推进以古代城址为中心的历代军政建置体系考古与研究，是新时代新疆考古工作的关键着力点。

轮台奎玉克协海尔古城的发掘，表明公元前8世纪塔里木盆地绿洲地区开始由聚落向城市演进。各个点位的城市文明进程，客观上为历代中央政权的有效治理奠定了基础。公元前60年，西域都护府的建立标志着新疆正式纳入中国版图，是中华民族共同体发展史上重要的里程碑。轮台卓尔库特、新和乌什喀特、奇台石城子等古代城址的考古，深化了对国家有效治理和文化认同史实的认识。

通古斯巴西古城、北庭故城、大河唐城、拉甫却克、唐朝墩、达勒特、石头城等城址考古，克亚克库都克烽燧发掘和长城资源调查，展现了唐宋以来中央政权有效治理的提升、文化认同的升华，以及社会经济的进步。

奎玉克协海尔古城，位于塔里木盆地北缘，为春秋战国沿用至汉代的城址。城墙周长约900米，中心为椭圆形高台。发掘5000余平方米，揭示了自公元前750年原始聚落逐步发展为公元前550年大型城址的早期文化衍化过程。出土遗物具有多文化因素交融交汇的特征。

奎玉克协海尔古城

单耳带流罐

2018XLKT1528④：1
战国（公元前475—前221年）
通高2厘米
2018年轮台奎玉克协海尔古城出土
新疆维吾尔自治区文物考古研究所藏

　　青铜模制。侈口束颈，沿部出流，圜底。与流
对应的一侧塑有半环状小耳。

狼首骨扣

2020XLKTN20E18F6③：1
战国（公元前475—前221年）
通长6厘米
2020年轮台奎玉克协海尔古城出土
新疆维吾尔自治区文物考古研究所藏

　　骨制。采用简洁的阴、阳刻表现出狼的眼睛、
鼻孔与嘴巴。

卓尔库特古城，是一处位于塔里木盆地北缘的大型遗迹，三重城结构。发掘5000平方米，始建于战国晚期，沿用至魏晋，主体使用年代为两汉时期。城内高台遗址发现土墼棚架式的高等级房址，是汉晋时期塔里木盆地北缘一处高等级中心城市。

博具

魏晋（公元220—420年）
长8、宽3、高3厘米
2019年轮台卓尔库特古城出土

　　用动物肢骨制成。长方体，四个面上刻圆圈，圈内刻1小、4大圆圈。两端各切割3道凹槽。

珠饰

战国—西汉（公元前475—公元25年）
直径1.6厘米
2019年轮台卓尔库特古城出土

　　红色，球形，穿孔。

纺轮

战国（公元前475—前221年）
直径2.5、厚1.2厘米
2019年轮台卓尔库特古城出土

　　扁锥形，中部穿孔，平面刻画几何纹。

"西域长史"木简

2020XRLF2-5④：4

魏晋（公元220—420年）

通长6.8，宽0.8—1.2厘米

2020年若羌楼兰古城出土

新疆维吾尔自治区文物考古研究所藏

残断，依稀可辨墨书"西域长史"四字。

木简

2020XRLH2：6

魏晋（公元220—420年）

长24、宽1.5厘米

2020年若羌楼兰古城出土

新疆维吾尔自治区文物考古研究所藏

墨书汉文两行，难以辨识具体文字。

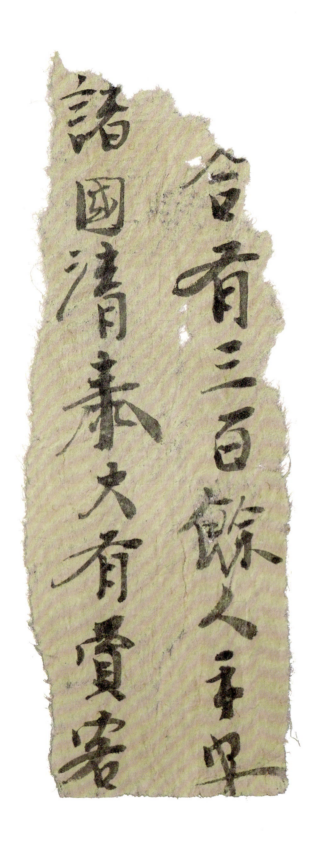

汉文文书

2020XRLDJ2①：5

魏晋（公元220—420年）

纵17.5、横6.4厘米

2020年若羌楼兰古城出土

新疆维吾尔自治区文物考古研究所藏

从右至左墨书"合有三百余人平安，诸国清泰，大有贾客"。

削衣

2020XRLH3：4

魏晋（公元220—420年）

最长13.5、最短11.4、宽1.5—1.8厘米

2020年若羌楼兰古城出土

新疆维吾尔自治区文物考古研究所藏

共11片。粘连在一起，均未书写。

唐诩印信

魏晋（公元220—420年）

通高2.5、宽1.9厘米

阿克陶奥依塔克出土

克孜勒苏柯尔克孜自治州博物馆藏

兽形纽。阴刻汉文"唐诩印信"。

常宜之印

汉（公元前206—公元220年）

高3.3、印面边长2.2厘米

新和克孜勒协海尔遗址出土

狮纽。阴刻，篆文"常宜之印"。

三耳釉陶罐

晋—唐（公元265—907年）

高41.5、口径19.7、底径14厘米

新和克孜勒协海尔遗址出土

新和县博物馆藏

　　通体上釉，肩部饰浅浮雕的葡萄叶和人面纹图案。造型精美，色泽鲜艳。

石头城

　　石头城遗址，是帕米尔高原代表性的历史文化遗产之一，汉称"蒲犁"，晋唐竭盘陀王国、清代蒲犁厅官署所在。发掘2500平方米，发现有相对独立的宫殿区、居住区、寺庙区、驿站等重要遗存。遗址规模宏大，气势雄伟，内涵丰富，是历代中央王朝在帕米尔高原有效管辖的见证。

石城子遗址，是汉代天山北麓重要的军事要塞之一，《后汉书》所载"疏勒城"旧址。发掘1938平方米，清理出城门、房址、窑址、墓葬等重要遗迹，出土大量汉代砖瓦。入选2019年度"全国十大考古新发现"。

石城子古城

瓦当

2018QST61（9）：15
东汉（公元25—220年）
直径约16.5厘米
2018年奇台石城子遗址出土
新疆维吾尔自治区文物考古研究所藏

　　圆纽外饰一圈凸弦纹，外分为四个界格，界格
之间用T形凸弦纹间隔。每个界格内饰对称的卷云
纹。云纹中间各饰亚腰形纹饰。外围再饰以两道凸
弦纹。当面涂白和红。

瓦当

2018QSG1∶1
东汉（公元25—220年）
直径约15厘米
2018年奇台石城子遗址出土
新疆维吾尔自治区文物考古研究所藏

　　圆形。当纽已脱落，纽外环饰一道圆角长方形凸弦纹，并对称有四道竖短棱，棱外再饰两周凸弦纹。

筒瓦

2018QSF1：13
东汉（公元25—220年）
当面直径15.2、瓦身长41.2、钉孔直径约1厘米
2018年奇台石城子遗址出土
新疆维吾尔自治区文物考古研究所藏

　　完整，瓦当当背连接筒瓦。当心圆纽外有一周凸弦纹。当面用单凸弦纹界格分为四区。每区饰一云纹。每朵云纹内各饰一道山字形图案。边轮与当面图案之间有两周凸弦纹。当面涂白，纹样描红，晕染严重。筒瓦的近瓦舌部位有一个钉孔，边缘圆滑。

筒瓦

2018CF4：11

东汉（公元25—220年）

瓦当直径16、瓦身通长42.4、钉孔直径0.9厘米

2018年奇台石城子遗址出土

新疆维吾尔自治区文物考古研究所藏

　　残，瓦当当心圆纽外有一周凸弦纹。当面用T形界格分为四区。每区饰一云纹。每朵云纹内各饰一道亚腰形凸弦纹。当面涂白，纹样描红，当背有白色颜料流淌的痕迹。筒瓦瓦头素面，表面饰纵向绳纹，较规整清晰，背面饰布纹，局部有划纹。瓦舌一端有一个瓦钉孔，在陶泥未全干时进行的穿孔。

板瓦

2018QSF1：29
东汉（公元25—220年）
通长47.2、宽35.2、弦高9.2厘米
2018年奇台石城子遗址出土
新疆维吾尔自治区文物考古研究所藏

外壁两端皆素面，中部绳纹上有刮抹痕，尾端
素面。

板瓦

2019QSVT112③：1

东汉（公元25—220年）

通长44.8、宽33.6、高8厘米

2019年奇台石城子遗址出土

新疆维吾尔自治区文物考古研究所藏

　　瓦身较薄。外壁绳纹规整，清晰，两端素面，背面饰布纹。

北庭故城

　　北庭故城，是唐至元时期丝绸之路天山北麓政治、军事和文化中心，呈"两套四重八块"的平面布局。其总体框架基本是唐中央政权通过庭州、北庭都护府为代表的机构统治西域150余年间建成，高昌回鹘、元代时仅作局部修补及更改。

　　唐朝墩古城为唐庭州蒲类县旧址，沿用至宋元时期。城内发掘清理出佛教、景教寺院与浴场、居址等遗迹，出土包括壁画以及汉、回鹘、叙利亚文等文字遗存在内的大量遗物，反映古城繁盛的社会经济和多元交融的文化面貌。

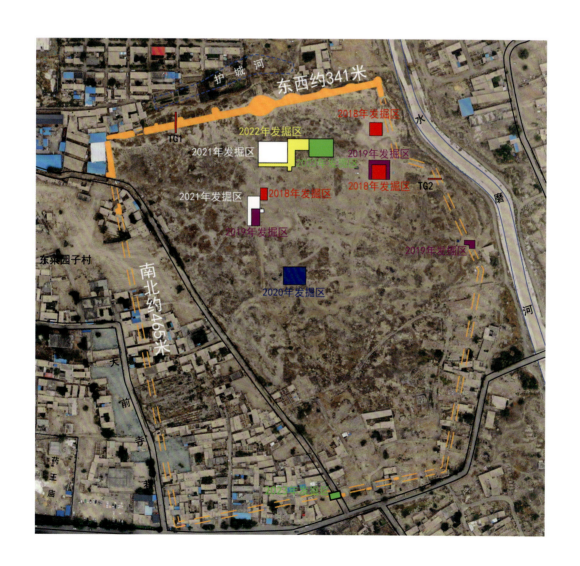

拉甫却克古城

　　拉甫却克古城为唐伊州纳职县旧址。城址周边发现墓地、佛寺、仓储等遗存，是一处分区明确、布局完善的城市聚落。各类遗迹遗存反映出当地人群对中华文化的高度认同。

主城　主城东门　附城

从南向北俯拍大河古城

大河古城为巴里坤盆地唐伊吾军驻地甘露川旧址，由东、西两座相连的城址组成。始建于唐开元年间，沿用至宋元。发掘3500平方米，清理城门、马面、角台、房址、灰坑等多种遗迹，是唐代西北军政建置、国家治理的实证。

大河古城

克亚克库都克烽燧

　　克亚克库都克烽燧为孔雀河烽燧群之一，唐焉耆镇下"沙堆烽"旧址。考古揭露其全貌，出土800余件（组）纸文书和木简，内容涉及军事、交通、社会生活等诸多方面。入选2021年度"全国十大考古新发现"。

《韩鹏赋》写本

2016YKF68（2）：1024

唐（公元618—907年）

纵64、横46.5厘米

2016年尉犁克亚克库都克烽燧遗址出土

新疆维吾尔自治区文物考古研究所藏

　　麻纸，呈灰色，存6行汉文，楷书墨写，共计89字。经释读，确认文书为唐代赋体文学《韩鹏赋》写本残片。

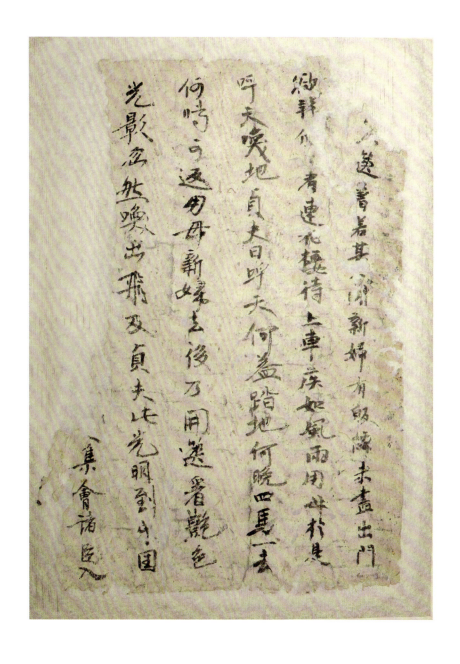

父遂肯其濟新婦有期嫁未畫出門

娉辭者速花轎待上車疾如風雨用四其一夫

呼夫喚地貞夫曰呼天何益蹐地何曉四其一夫

何時う返母新婦去後乃用喚署艶色

光影岳然喚出飛及貞夫此光明到中国

集會諸臣入

汉文文书

2016YKF：117

唐（公元618—907年）

纵46.5、横34.5厘米

2016年尉犁克亚克库都克烽燧遗址出土

新疆维吾尔自治区文物考古研究所藏

经释读，为习字纸残片。

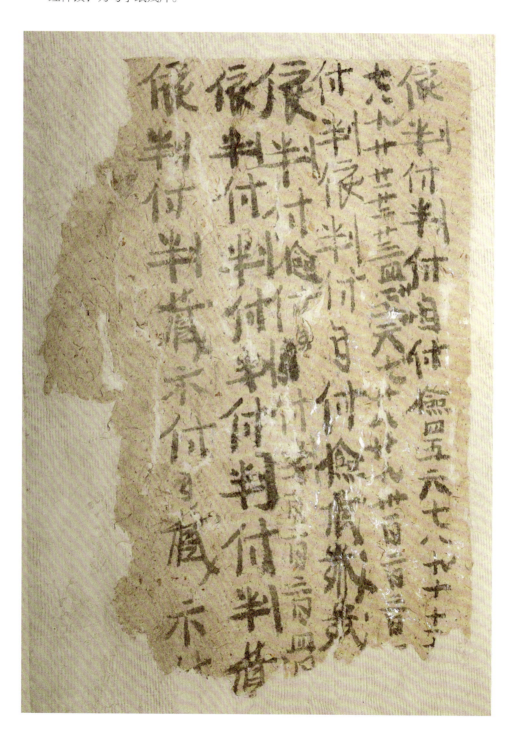

达勒特古城

　　达勒特古城为北疆地区一座宋元时期城址。发掘5500平方米，清理出城门、房址、浴场、窑址、水井等遗迹，出土陶瓷器、钱币、玻璃、宝玉石等遗物，为文献所记"字罗城"所在。

酱釉碗

2019XBDT2404H120：7
宋（公元960—1279年）
高5.4、口径10.1、底径3.8厘米
2019年博乐达勒特古城出土
新疆维吾尔自治区文物考古研究所藏

　　稍残，敞口，圆唇，斜腹微鼓，圈足。

四神博局镜

2019XBDT2504H97：1

金（公元1115—1234年）

镜面直径9、柄残长0.5、柄宽0.4、柄厚0.3厘米

2019年博乐达勒特古城出土

新疆维吾尔自治区文物考古研究所藏

　　柄已残，纹饰仿汉代四神博局纹镜，小圆组，宽缘，圆形。

龙身飞马纹浮雕石钵

唐（公元618—907年）
高8、口径20、底径9厘米
新和通古斯巴西古城出土
阿克苏博物馆藏

　　石质，敞口，假圈足。器内壁呈黑色，器外壁由上而下，上沿装饰藤草纹，主体纹饰为有翼马首龙身图案，器底为卷草纹。器内壁浅浮雕一人背影，双手高举过头顶，身着通身长袍，脚蹬尖足靴。

莲纹方砖

元（公元1206—1368年）

边长32、厚4.5厘米

昌吉古城出土

新疆维吾尔自治区文物考古研究所藏

灰砖，一面平整，另一面模压莲纹。

结 语

天山昆仑、大漠戈壁，"大美新疆"不仅有壮阔美景，更有令人惊叹的古代遗存，向世人娓娓叙说中华文明的绵远与博大。

残垣断壁，尺砖片瓦，无不见证了新疆是中国不可分割的一部分，见证了新疆各民族是中华民族血脉相连的家庭成员，亲历了包括新疆各族人民在内的全体中华儿女共同奋斗创造悠久灿烂中华文明的伟大历程，更目睹了古今丝绸之路的繁盛。

从落后、被动，到自主、开拓，再到自觉与创新，新疆考古已经走过不平凡的百年。

日月交替，不变的是考古人赓续中华文脉、大书中华文明的赤诚之心。学术探索是永无止境的求真之旅，上穷碧落下黄泉，再现文明的光辉，守正创新，行稳致远，新疆考古在弘扬文化自信的道路上将书写出更加浓墨重彩的一笔。中国故事是永恒的话题，新疆篇章精彩动人。